Creating customer value
KOTO-marketing

顧客価値を創造する
コト・マーケティング
ビジョンで紡ぐ共創関係

東 利一 著
Higashi Toshikazu

中央経済社

はじめに

　マーケティングの基本は，STP（セグメンテーション・ターゲティング・ポジショニング）と4Pミックス。私が大学で習ったことであり，今でもそう教科書には書いてある。しかし，製品の機能だけで顧客の課題は解決できない時代になって久しい。マーケティングの教科書は，大手消費財メーカーの視点から書かれている。大手消費財メーカーが，どのように製品を開発し，価格づけし，顧客とコミュニケーションを取り，どこで手に入れてもらうか。そのことについて教科書は，懇切丁寧に書かれている。その一方で世間には，大手でない企業の方が圧倒的に多い。財も生産財やサービス財がある。ましてや企業はメーカーだけでなく，卸売業や小売業，サービス業など多様である。そのような企業も，マーケティングは重要だと認識している。

　教科書的なマーケティングを学ぶ一方で，私の恩師は「マーケティングは愛である」とおっしゃっていた。キザな表現だなと思ったが，恩師の「マーケティング論」は興味入り口論（講義で興味を持ったら自ずと勉強する）に立った講義で，非常に刺激を受けた。現場の社員や責任者から企業のトップの方々と深い親交のあった恩師の講義は，「生きたマーケティング」論であり，受講者を大いに刺激した。私も，大学3年生から大学院の博士課程を終えるまで7年間，恩師の講義には毎回出席した。

　なぜ，恩師の講義は私を刺激したのか。それは父の仕事とも関係があったように今では思える。父は大島紬の製造販売の会社を経営していた。消費者に直に接することはなかったが，原料の取引先や問屋との関係をとても大事にしていた。一級染色技能士の資格を取ったり織機の改造に取り組んだりして，製品の品質向上にも熱心だった。それがお客様の満足につながることは，マーケティングのマの字も知らない当時の私でも分かることだった。

　そのような経験から，恩師の講義は4Pミックスだけがマーケティングでは

ないという私の漠然とした思いを大いに刺激したのかもしれない。大学院に進み，私は恩師を通して経営者をはじめとしてさまざまな方々とお会いする機会を得た。そのなかで，あるコンサルタントの先生と出会った。80年代半ばのことである。この先生のマーケティングは不思議だった。「マーケティングは経営の回転軸だ」「売上を上げるための手段ではない」とおっしゃる。クライアントの企業は大手から中小零細まで規模や業界を問わず多様で，それらのクライアント企業を成長させている。何だかよく分からないが，少なくとも教科書通りではないし，研究書や論文を紐解いてもフィットする研究分野がないことだけは明らかだった。

　大学院を終え東京を離れ神戸の流通科学大学に赴任しても，この先生のマーケティングの魅力というか謎にひかれ，クライアント企業の社員を集めた研究会（マーケティング・ソフト研究会）に毎回押しかけて勉強をさせてもらい今日に至っている。多くの実務家から刺激を受けた。そのなかで30代後半に「もっと実務家の役に立つ話をしてくれ」という叱咤激励のリクエストを受けたことがあった。そこからより現実を観ることを重視するようになった。そのうえで，仮設的に理論を構築しては破棄，の繰り返しを続けてきた。レビューに適切な特定の研究分野もない状態で試行錯誤を繰り返すなかで，関係性マーケティングが注目されるようになったり，サービス・ドミナント・ロジックなどが台頭してきた。それらのことが私の研究の手助けとなり，「生きたマーケティング」をどう捉えたらいいかということを私なりにまとめたものが，本書である。

　本書の執筆にあたっては非常に多くの方々の支援とご理解を得た。株式会社シーエムシー代表取締役社長の塩田俊朗先生との出会いがなければ本書の存在さえもなかった。成果を出すのに長い年月がかかったが，根気強く見守ってくださった塩田先生には感謝しても感謝し足りない。また，塩田先生を紹介してくださった恩師の村田昭治慶應義塾大学名誉教授は，大学入学前に父を亡くした私に対し，まるで父親のように接してくださった。今の私があるのは村田先生のおかげだと言っても過言ではない。

マーケティング・ソフト研究会で出会い，今でもはっぱをかけ続けてくださる日本医美容協会　開発研究機構の小高正士所長の存在も大きい。当時，最大手化粧品メーカーで生産の部門長だった小高さんは，前職でも現職でも本書の内容を超えた実践者の視点からアドバイスをくださる。

　また，村田昭治先生のもと多くの先輩や後輩の方々にお世話になった。特にKMS（慶應マーケティング研究会）のメンバーには心より感謝を申し上げたい。

　世間とは違ったテーマの研究を自由にできる環境を与えていただいた流通科学大学の教職員の方々にも感謝せずにはいられない。特に創立者の中内㓛さんには，晩年の4年間の創成塾（中内ゼミ）に関わる機会を与えていただいた。ゼミ生よりも教員である私が大いに勉強になった。

　同じころ，林周二特別教授に出会い，研究者の根本のところを教えていただいた。何一つ教えを実践できていないかもしれないが，林先生の教えはいつも心の中にある。

　なお，本書は科学研究費助成事業（基盤研究（C）　研究課題／領域番号17K 04024「インタラクションを通して変化する顧客とのリレーションシップ・マネジメントの解明」）の支援を受けている。

　最後に，本書の出版を快く引き受けてくださり，完成に向けて丁寧なご助言と励ましをいただいた中央経済社の浜田匡さんに，心からお礼を申し上げたい。

2019年3月

東　利一

目　次

はじめに　i

序章　マーケティングのニュー・ノーマルへ向けて　1

Ⅰ．問題意識　1
Ⅱ．本書の読み方　4
　1．時代とともに変わる消費者　5
　2．2つの読み進め方　7

第1章　「モノからコト」は何を意味したのか　11
　　――コトの時代的意味の解明と消費の類型化

Ⅰ．「コト」とは何か　11
Ⅱ．1980年代の「モノからコトへ」
　　　－ライフスタイル・マーケティング　11
　1．需要の個性化　11
　2．ライフスタイル・マーケティング　12
　3．ライフスタイル・アプローチの種類　14
　4．企業のライフスタイル・マーケティング　15
　5．70年代の「モノからコトへ」とは　16
Ⅲ．1980年代の「モノからコトへ」－記号消費　17
　1．消費の個性化・多様化　17
　2．記号消費　18
　3．差異化に対応したビジネス　19

4．80年代の「モノからコトへ」とは　20
　Ⅳ．1990年代以降の「モノからコトへ」
　　　－デフレ経済の消費　22
　　1．デフレ経済の進行　22
　　2．デフレ経済下のこだわり消費　24
　　3．90年代以降の「モノからコトへ」　25
　Ⅴ．さまざまな価値に基づいた消費の類型化　26
　　1．60年代から80年代の消費　27
　　2．90年代以降の消費　28
　Ⅵ．モノ売りからコト売りへ　30

第2章　脱コモディティ化戦略における顧客像の探究　33

　Ⅰ．モノ余り時代のマーケティング　33
　Ⅱ．コモディティ化とは　33
　Ⅲ．モノにおける脱コモディティ化戦略　34
　　1．意味的価値の創造　34
　　2．カテゴリー・イノベーション　37
　　3．経験経済　39
　　4．コンテクストデザイン戦略　41
　Ⅳ．サービスにおける脱コモディティ化の流れ　43
　　1．伝統的なサービスの特性　43
　　2．新たなサービス特性（リレーションシップ・マーケティング）　44
　　3．サービス・ドミナント・ロジックの特徴　45
　　4．S-Dロジックにおける企業と顧客，価値　47
　Ⅴ．脱コモディティ戦略の評価　49
　　1．主観的価値の創造　50

2．主観的価値と差別化　50
　3．主観的価値と誘導　51
　4．価値の新たな提供方法　52
　5．プロセスに基づく価値創造　52
　6．価値創造をめぐる顧客と企業の役割の変化　53
　7．脱コモディティ化戦略に求められる新たな顧客像　53

Ⅵ．新たな顧客像へ向けて　55

第3章　コト・マーケティングの解明　57
——顧客体験を基にしたマーケティング

Ⅰ．「こと」と「コト」　57

Ⅱ．「こと」とは何か　57

Ⅲ．「こと」の性質　58

Ⅳ．事的世界観　59

Ⅴ．コトと商品・サービスの関係　62

Ⅵ．十勝バスのコト・マーケティング　65
　1．経営の危機　65
　2．顧客に聴く　66
　3．さらなる絆づくり　68

Ⅶ．十勝バスのケースから分かる
　　コト・マーケティングに必要な条件　69

Ⅷ．コト・マーケティング　71

Ⅸ．コト・プロセスの重要性　73

第4章 コトの多義性を整理する　75

- Ⅰ．多義的なコト　75
- Ⅱ．コトの辞書的意味　75
- Ⅲ．実務でのコトの用いられ方　76
- Ⅳ．コト消費の実態　81
  1. コト消費におけるコト　81
  2. コト消費の生まれる場―製造業　83
  3. コト消費の生まれる場―小売業　87
  4. コト消費の生まれる場―旅行　94
  5. コト消費の生まれる場―ホテル・旅館　96
- Ⅴ．マーケティングの対比　98
  1. コトの定義と特徴　98
  2. コト・マーケティングと従来のマーケティング　99
- Ⅵ．新たな需要創造へ向けて　102

第5章 コト・マーケティングと価値創造　105
―コト・プロセス視点の価値創造

- Ⅰ．顧客のプロセスに関わる　105
- Ⅱ．交換価値とプロセス視点に基づいた価値　106
  1. 交換価値とマーケティング　106
  2. プロセス視点に基づいた価値　107
- Ⅲ．スノーピークのオートキャンプ事業　109
  1. オートキャンプ・ビジネス　109

2．チャネル改革　112
　　3．ユーザーとの絆づくり　114
　Ⅳ．スノーピーク事例分析　117
　　1．独自の製品群開発による価値創造　117
　　2．チャネル改革による価値創造　119
　　3．顧客との絆に基づいた価値創造　121
　Ⅴ．コト・マーケティングと価値創造　124
　Ⅵ．顧客と響き合うマーケティング　129

第6章　コトによる社会的価値の創造
――社会的課題をコトのテーマにして　131

　Ⅰ．社会的課題とコト・マーケティング　131
　Ⅱ．CSRを超えた価値創造　132
　　1．CSRへの批判　132
　　2．ベンチャー型CSR　133
　　3．共通価値　134
　　4．共通価値を実現可能にする社会経済的収束能力　137
　Ⅲ．シマノのケース　138
　　1．シマノの原点　138
　　2．2代目経営者　139
　　3．欧州進出　143
　　4．文化創生活動　146
　　5．散走という新しい自転車文化　148
　Ⅳ．コト価値で社会的課題を解決する　155
　　1．創業者のスタイル　155
　　2．米国市場での取り組み　156
　　3．欧州での取り組み　157

4．シマノの強み　158
　　5．新しい自転車文化創造へのチャレンジ　159
　　6．コト価値に基づいた新しい自転車文化の創造　160
　　7．コト価値による社会的課題への取り組み　162
　Ⅴ．社会的課題をコト・テーマに　163

第7章　ビジョナリー・マーケティング　165
―コト・マーケティングの基盤としてのビジョン経営

　Ⅰ．コト・マーケティング体質の企業とは　165
　Ⅱ．企業とコト・マーケティング　166
　Ⅲ．ビジョンとは何か　168
　　1．ビジョンとは何か　168
　　2．ビジョンの共有者　169
　　3．エンゲージメント／オーナーシップ　170
　Ⅳ．近畿タクシーのビジョンとコト・マーケティング　173
　　1．ロンドンタクシー　174
　　2．震災後，街づくりに関わる　176
　　3．地域密着経営　177
　　4．観光資源タクシー　179
　Ⅴ．近畿タクシーにおけるコト・マーケティングと
　　　ビジョンの関係　180
　　1．ロンドンタクシーで慶びを　180
　　2．復興商店街で観光を　182
　　3．タクシーで地域の問題解決を　183
　　4．タクシーで神戸の魅力を　185
　　5．コト・マーケティングの基盤としてのビジョン　186
　Ⅵ．ビジョン展開の方法　188

1．ビジョン実現の方法　188
　　2．ビジョンとコト・マーケティング　191
Ⅶ．マーケティング・ビジョンの構造　192
Ⅷ．ビジョンでつながる　194

| 終 章 | **ビジョンとコト，差別化** | 197 |

Ⅰ．コト・マーケティングが体験価値を創る　197

Ⅱ．ビジョンがコト・マーケティングを導き，
　　差別化に成功する理由　201

参考文献　207
初出一覧　218
索　引　219

序章
マーケティングのニュー・ノーマルへ向けて

1. 問題意識

価値創造の研究が進んでいる。価値は企業と顧客が共創するというが，具体的にどのように企業は活動したらいいのだろうか。共創に関わる企業と顧客の関係や役割も，交換パラダイムのマーケティングとは異なるようであるが，それはどのようなものだろうか。

実務の世界においても，成熟市場ではコト消費が重要だと言われているが，コト消費を生み出すマーケティングとはどのようなものだろうか。そもそも，コトとは何であろうか。「コト＝体験」と捉える企業もあるが，交換パラダイムのマーケティングが提供する製品でも，使用すれば体験はできる。その体験とコトは違うのだろうか。われわれは，研究における価値共創と実務におけるコト消費は密接に関連すると考える。

次の事例を考えてほしい。停滞する市場で伸び悩む企業がとる業界的には非常識とされる事業活動によって顧客に支持され成功する事例を，われわれはどのように理解したらいいのだろうか。たとえば，以下の4社の事業展開をどのように説明できるだろうか。

(1) ポスティングを行う十勝バス

長年にわたる赤字経営に苦しむ多くの地方バス会社の中で，十勝バスはその赤字経営を脱した全国初の会社である。地方バス会社の路線バス事業は，半世紀近くも斜陽産業に甘んじている。さまざまな経営合理化にもかかわらず，事

業は一向に黒字に転じない。もしあなたが赤字経営の続く地方バス会社の経営者ならどうするだろうか？

北海道帯広市の十勝バスもそんな地方バス会社の1つであった。十勝バスの路線バス事業は昭和40年代をピークに利用者の減少が続いていた。1969年（昭和44年）の2,300万人の利用者が2010年には402.1万人と，利用者が83％減少した。もちろん，経営改善には取り組んできた。1990年から2010年にかけて，立て直しのための長期経営計画を立て続けに実行し，資産を売却したり，車輛更新を引き延ばしたり，人件費を削減してきた。この20年間で人件費を60％削減したが，営業収益も50％減少した。

これまでの経営合理化策でできることはほとんどやり尽くしていたため，残る策は収入を増やすことのみで，バス利用者を増やすことしか残された手立てはなかった。そこで始めたのが，本社近くの1路線の1つの停留所近辺の住宅への「路線図」と「時刻表」のポスティングであった。

このポスティングの展開から社員の気づきが生まれ，そこから顧客価値を重視した事業展開へと発展していくが，その立て直しのポイントは何であろうか？

(2) こだわりが独断にならないスノーピーク

成熟市場ほど業界の常識に縛られた世界はない。そのような環境の中で，業界の常識を超えて新たな市場をつくるにはどうしたらいいのだろうか。

また，その成熟市場がシュリンクしていくときに，あなたが当事者ならどのような姿勢でビジネスに臨むであろうか。

1980年代後半，キャンプ用テントは廉価なものしかなく雨風には向かないというのが常識であった。そのような時代にスノーピークは，資金に糸目をつけず最良の素材とテクノロジーを注ぎ込んで，自ら納得のいく最高品質のテントをつくった。非常に高額であったため社内では売れないだろうと評されたが，初年度で100張ほどが売れた。

また，キャンプと言えば山登りだけだった時代に，オートキャンプを普及さ

せたのもスノーピークである。なぜ，スノーピークは業界の常識を超えた新たな需要や市場をつくることができたのだろうか。

　90年代半ばになり，キャンプ・ブームが下火になるとともにスノーピークは6期連続で減収減益を記録した。スノーピークという会社の存在意義はまだあるのかと迷うほどの低迷ぶりであった。そのような状況でスノーピークウェイを開催し，顧客とキャンプを楽しんだ。

　そこでの痛烈な顧客の声がきっかけで，スノーピークは独自性の高い事業を展開し，さまざまな顧客価値を提供するようになるが，その提供プロセスとはどのようなものだろうか？

(3) 地方公共団体や企業の人事部に足を運ぶシマノ

　経済的価値と社会的価値の追求。両価値はトレードオフと見られるが，どちらを優先させるべきであろうか。Porter and Kramer（2011）は社会的価値と経済的価値の両方，つまり共通価値を追求することが経済的に成功するための新しい方法であると述べているが，具体的にはどのようにしたらいいのだろうか。

　自転車部品メーカーのシマノは，経済的価値と社会的価値の両方である共通価値の実現に成功しているが，それはどのように行われているのであろうか。

　シマノは歴史ある欧州のロードレースバイク市場に後発参入し成功している。また，米国から始まったマウンテンバイク市場の草創期から関わっている企業でもある。高度な技術に裏打ちされた製品があっても，後発者として新たに成熟市場に参入することは非常に困難である。そのような欧州市場でシマノはどのようにして成功したのだろうか。米国でマウンテンバイクが注目され始めたころ，他社が二の足を踏むような状況でなぜシマノはマウンテンバイク部品を新規製造し提供する意思決定を行ったのだろうか。

　このような欧州と米国の両市場で成功しているシマノは，日本国内で地域活性化や健康経営のサポートも行っている。いわゆる共通価値を実現している。共通価値実現のためには製品と市場を見直すことと Porter and Kramer（2011）

は述べているが，実際にはどうすれば見直すことができるのだろうか。

(4) アイデアタクシーの近畿タクシー

　タクシー業界は事業免許を得ることで初めてビジネスができる。ある意味，規制に守られているため，適切な競争が生じにくい業界でもある。基本的には道路運送法によってさまざまな決まりことがある。たとえば，いかにいいサービスを乗務員が提供しても，タクシー運賃を自由に設定することはできない。駅前などのタクシー乗り場で乗客を待ったり，街中で走行中に乗客に出会うという流し営業を多くのタクシー企業が行っている。

　その中で神戸市長田区の近畿タクシーは予約営業7割という優良企業である。地元では，アイデアタクシーとしてメディアに取り上げられている。ロンドンタクシーを走らせたり，阪神淡路大震災後，地元商店街の復興に協力している。また，営業圏を本社から半径2kmに絞り込み，地域密着経営を行っている。その後，神戸の観光地をめぐるさまざまなメニューを開発し，予約営業7割という優良企業に発展した。

　なぜ近畿タクシーはこのようなユニークな事業展開ができたのだろうか。思いつきでこのような事業展開はできないはずだ。なぜ，乗務員をはじめとした社員が協力してくれたのだろうか。また，このユニークな事業はどのようなプロセスを経て展開されたのだろうか。そのプロセスのベースとなったものは何なのか。

　本書は以上のような事例を紐解きながら，コト・マーケティングが顧客の価値を創造し，そのようなコト・マーケティングを実践できる企業の特徴を解明していく。

II．本書の読み方

　製品の機能だけで顧客の課題解決ができる時代は終わった。変化する顧客を

どう捉えてマーケティングを行ったらいいのか。また，そのようなマーケティングを行うには企業はどうあるべきなのか。そのためには，「顧客始点」からマーケティングを考えていく必要があるだろう。同時に，そのようなマーケティングを行う企業の軸は何なのかを明らかにすることから始まる「企業始点」のマーケティングも考察する必要があるだろう。

　まず，顧客は変化するということを見てみよう。

1．時代とともに変わる消費者

　モノ余りの時代になり，消費者から必要と思わないものは売れなくなった。消費行動も「こだわり消費」と「こだわらない消費」の二極化が見られる。こだわり消費とは，消費者自身が大切にしている価値観を体現するブランドの商品やサービスならばその価格が少々高くても消費を行うというものだ。では，こだわり消費にまわす原資はどこから来るのか。それは，こだわらない消費での節約である。こだわらない消費では，品質が同じなら安い方を選択するという消費行動がとられる。そこでの節約がこだわり消費の原資になるのである。

　モノ余りの時代になるとこれまでの売り方が通用しなくなり，新たな売り方が求められるようになってくる。時代が変わりそれまでの手法が通用しなくなり，新たな手法が探索されるということは繰り返されてきた。1950年代半ばから続いた高度経済成長期に，我が国の消費者は耐久消費財も一通り所有し，物質的に豊かになった。その結果，その後の買い替え需要はそれらの消費経験を加味して行われることになる。高度経済成長期が終わるころというのは，従来のSTP（セグメンテーション・ターゲティング・ポジショニング）に基づいたマーケティングが通用しなくなっていた。つまり，マーケット・セグメンテーション基準であるデモグラフィック要因だけでは，消費者分析が困難になった。そこで注目されるようになったのが，ライフスタイル・アプローチである。この新しいアプローチによって，ライフスタイル・マーケティングが提唱された。

また，80年代になると消費は一層多様化・個性化が進む。特に80年代後半のバブル経済期には，他者との差異化を求めて消費が行われるようになった。商品がその機能よりも社会的・文化的な意味をもった記号として消費されるようになった。ある商品がもつ意味は他の商品との比較によって生じる差異のことで，他者との差異を求める消費とは商品という記号を介して自分の個性を他人に向けて主張する言語活動であった。当時のマーケティングも差異化を強調する広告であったり，文化的機能を強化した流通企業が出現した。

　90年代以降になるとデフレ経済になり，それまでの消費傾向は一変した。物価水準の継続的下落とともに資産デフレがデフレ経済の特徴であるが，所得の低迷と消費性向の低下が消費を大きく減退させた。そのため，先述した自己実現欲求のための「こだわり消費」とそうでない「こだわらない消費」に，消費者自身の中でも2極化した。こだわり消費では体験がカギとなり，体験価値の提供がマーケティングにおいて重要になった。さらに進んで，共創価値が重要とされ，顧客は価値創造の主役であると主張するマーケティングも現れた。価値物は企業がつくり対価と交換すると考えるマーケティングとは大きな違いである。

　このように，時代の変化とともに消費者も変わり，それに応じてマーケティングも変化してきた。

　ところで，時代とともに変化する消費者を追いかけて，その時代に出現するマーケティング手法を新たに活用するのがマーケティングなのだろうか。

　顧客を「ニーズをもっている固定的な存在」として考えるから，そのニーズ，つまり変化するニーズに合わせてマーケティング手法を新たに導入しなければならなくなる。そのようなマーケティングは売上を上げるための手段としてのマーケティングになる。

　それに対し本書は，顧客は変化するのだからそれを肯定したうえで改めてマーケティングを考えてみようと提唱する。では，変化する顧客と関わり続けるマーケティングとはどのようなマーケティングなのだろうか。

2．2つの読み進め方

　本書はたとえて言うと，ビジョンという北極星を目印に，語り合いながら歩んでいく顧客と企業がどのように進展していくかということを論じているが，その読み進め方は2通りある（図表序-1）。

　1つは，第1章から順番に読んでいく方法であるが，それは変化する顧客をどのように捉えてマーケティングを考えていったらいいかという視点から読み進める方法である。高度経済成長期以降の消費の変化（第1章）において「モノからコトへ」が中身を変えてしばしば謳われた。それは何を意味していたのかについて「コト」に焦点を当てて考察し，体験というキーワードを浮かび上がらせる。

　第2章では体験に関する近年の脱コモディティ化戦略についてレビューを行う。商品に内在する機能や属性がもたらす価値よりも，商品の使用による価値や商品の使用による体験がもたらす価値，商品を使用する文脈による価値など，さまざまな顧客が認識する価値が紹介される。その結果，やはり顧客を固定的な存在ではなく変化する状態として捉える必要性が明らかになる。

　そこで第3章では，大和言葉の「こと」のレビューをもとに，第1章で明らかになった時代とともに変化する顧客の体験がどのようにコトと関係するのかを明らかにし，新たな顧客の捉え方を明示する。コトとは「顧客が理想の体験状態にあること」であり，コトのコンセプトはモノのコンセプトよりも大きく，企業はコト・マーケティングによって製品機能を超えてライフスタイル・レベルの価値を提案することも可能になる。それは同時に，企業の独自性の発揮につながる。

　これに対して，第4章では実務家がコトをどのように捉えて実務に活かしているかということを考察する。結論から言うとサービスと混同しているケースも散見され，コトが多義的に用いられている。その中でも，顧客にコトを提案し，コトを実現する道具として製品やサービスを提供している企業もある。

では，コト・マーケティングがどのようにして価値創造を行うのかということについて述べるのが第5章である。生活プロセスの中での顧客との絆づくり活動から気づきを得て，顧客が期待するであろう価値（仮説価値）を提案することが顧客の価値創造にとって重要であると主張する。そして，その顧客価値は生活プロセスの中で多様に創造される。

コトは顧客へのライフスタイル・レベルの価値提案だけでなく，社会的課題の解決にも有効であることを第6章で述べる。社会的課題の解決，つまり共通価値（CSV）の追求は，マーケティングや経営戦略において重要な課題の1つである。社会的課題に対してコト・テーマの視点から社会や顧客との関係を創造しながら取り組むことで，社会的価値や経済的価値の追求につながるということを見ていく。

第7章では，顧客へのライフスタイル・レベルでの価値提案や共通価値の実現のためにはビジョンが重要な役割を果たすことを述べる。顧客価値や共通価値を実現可能なビジョンを設定することで，そのビジョンがコト・マーケティングの基盤として不可欠なものとなる。同時に，ビジョンに基づいた経営は顧客とつながっていく経営であり，ビジョンは従業員にとって行動の判断基準として機能する。ビジョン経営が独自の差別化戦略をもたらすだけでなく，ブランド戦略やコーポレート・ブランドとしての役割を果たすことにも触れる（終章Ⅱ節）。

もう1つの読み進め方は，企業の立場からの読み進め方である。まず，第7章である。自社の戦う土俵をビジョンによって明言する。ビジョンは顧客や従業員，その他の関係者との約束の宣言でもあるから，ビジョンが顧客価値を反映可能なものであれば顧客との絆づくり活動の方向性を示すことになる。

では，顧客との絆づくり活動をどのように進めていくのか。そのうえで顧客に何を提供していくのか。第3章では，ビジョンを具現化した形として，モノではなくコトとしてライフスタイル・レベルの価値の提案を行うということを述べている。製品ではなくコト・コンセプトのもとにその具現化として一連の

さまざまな製品・サービス・ソフトが提供されるので，顧客も企業の独自性を認識する。このような価値提案は単発で終わるわけではない。第5章では，どのようにすれば継続的に顧客との絆づくり活動が行えるのかということを示している。生活プロセスの中に入り込み，顧客とのインタラクションを通してコト・コンセプトに基づいた製品・サービスを開発していく。結果として生活プロセスに対応したビジネス・プロセスが展開される。

このようなビジョンに基づいたコト・マーケティングは，顧客だけでなく社会との絆づくり活動も可能である。いわゆる共通価値の創造に関しても，コト・マーケティングで対応可能であることを第6章で示している。社会的課題の解決をビジョンに設定した場合，第3章のビジョンの具現化によるコト価値は，社会的課題に関するものになる。社会的課題の解決に単発ではなく継続的に取り組んでいくには第5章のように社会的課題に関係する地域や人々との絆

図表序-1 本書の読み進め方

章	タイトル	顧客始点	企業始点
1	「モノからコトへ」は何を意味したのか	①時代とともに顧客は変化するが，カギは体験	⑥普遍的な顧客像の必要性
2	脱コモディティ化戦略における顧客像の探究	②新たな顧客の捉え方の提案	
3	コト・マーケティングの解明	③ライフスタイルにもつながる顧客の体験状態（コト）	②ビジョンの具現化によるコト価値の提供
4	コトの多義性を整理する	④コト提案による商品・サービスの提供	⑤参考－コト提案による商品・サービスの提供
5	コト・マーケティングと価値創造	⑤顧客の生活プロセスに関わっていく企業のビジネス・プロセス	③継続的なコト価値提供のための絆づくり活動のプロセス
6	コトによる社会的価値の創造	⑥顧客だけでなく社会の課題解決も可能	④コト・マーケティングによる共通価値の創造（→②，③）
7	ビジョナリー・マーケティング	⑦コト・マーケティングの方向性を約束するビジョン	①ビジョンによる方向性の明示

（出所）筆者作成。

づくり活動のプロセスが重要になる。
　最後に，企業側の視点からコト・マーケティングを行う場合，顧客を見る目を変える必要性について第1章・第2章で触れている。

第1章
「モノからコトへ」は何を意味したのか
―コトの時代的意味の解明と消費の類型化

I．「コト」とは何か

　市場において「モノからコトへ」といわれ出したのは，物質的な豊かさを求めた高度経済成長期が終焉した1970年代からのようである。本章では，1970年代と1980年代，1990年代以降の3期にわたる「モノからコトへ」に関するレビューを行い，コトとは何を意味するのか考察する。さらに，それぞれの時代のコトに関係する消費の特徴を類型化する。

II．1970年代の「モノからコトへ」
　　　―ライフスタイル・マーケティング

1．需要の個性化

　高度成長期を経て，電気洗濯機や電気掃除機，電気冷蔵庫，テレビといった家電製品に代表される基礎的耐久消費財はほぼ普及した（図表1-1）。1970年代になると，日本の経済も豊かになり，消費者の生活に関する志向に大きな変化が生じた。2度のオイルショックを経験したということもあるが，消費者はそれまでの物質的に豊かになりたいという物質志向から，生活の質を向上させたいという「本当に質の高い生活」志向へ変化した。「需要の個性化」（村田，1979）である。つまり，各種の消費財の普及が飽和水準に達したために，消費者は個人の感受性やライフスタイルに対応した個性的な消費を行うようになった。このような消費者の変化に対して企業側はすぐには対応できず，大量生産

図表1-1 主要家電製品の普及率

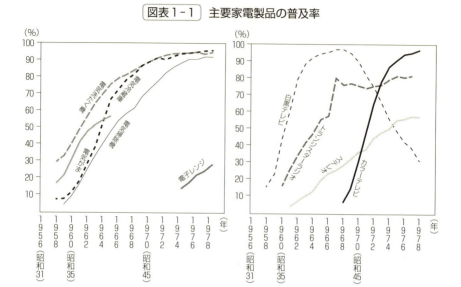

(注) 都市の非農家における普及率である。
(資料) 経済企画庁「経済要覧」。
(出所) 『科学技術白書』昭和55年版。

による「供給のマス化」志向から変化できずにいた。その結果，両者の間にはギャップが生じた。なぜなら，各種の消費財が普及途上の段階で有効だった所得や地域，年齢などといったデモグラフィック基準に基づいた市場細分化戦略では，消費者の個性的な消費パターンを読み解けなくなったからである。デモグラフィック基準のみに基づいた市場細分化はもはやその有効性が薄れつつあった。そこに登場したのが，ライフスタイル・アプローチやライフスタイル分析といわれる手法に基づいたライフスタイル・マーケティングであった。

2. ライフスタイル・マーケティング

　マーケティングにおいて最初にライフスタイル概念が導入されたのは，1960年代初頭の米国においてである。基礎的耐久消費財が普及した日本でも既述の

ように需要の個性化志向が進み，ライフスタイル概念が大いに注目されるようになった。

ライフスタイル概念は，社会学のWeber（1968）と個人心理学のAdler（1969）に由来する[1]。Weber（1968）は社会階層の分析に「階級」（class）以外に「地位グループ」（status group）という概念を提案した。この地位グループが社会階層のライフスタイル分析の源になっている。Adler（1969）はアドラー心理学として有名であるが，「個人」に焦点を当ててライフスタイルを取り上げている。

この2つの流れを受けて，マーケティングの分野で用いられるライフスタイル概念は多様になった。1つは，最も広義の定義であるが，ライフスタイルを「社会全体あるいはその一部のセグメントに特有な，他から区別される特徴的な生活様式」（Lazer, 1963）と定義する。この定義に基づくと消費者の消費の仕方は，社会の，あるいは特定セグメントのライフスタイルを反映していることになる。

この定義に対し個人のライフスタイルを取り上げたのが，Levy（1963）である。それは，「個人のセルフ・コンセプト」に近いものであり，消費者が購入し使用する「生活資源の組み合わせや，個々の活動が暗示するサブ・シンボルから合成された複合シンボル」である。

これらの中間的な定義として，家族のライフスタイルに焦点を当てたのが，Moore（1963）である。それは，「"パターン化された生活様式"であって，家族成員がさまざまな商品や出来事や資源を，それを目指して適合させていくもの」を意味する。この定義によると，消費者が商品を買うのは，「ライフスタイル・パッケージ」の中身を満たすためであり，また家族信念体系の具体化のためであると述べている。

このような，マーケティングのライフスタイル概念は，社会全体から個人のレベルまで多様なレベルにわたるものの，「単なる所得水準や人口学的諸要因，あるいは心理学的諸要素を超えた，生活の構造的側面，価値観や生活意識，生活行動などを同時に複合的に表すシステム概念であり，同時に，各要素間の密

接な関連をとらえた操作概念」(村田, 1979) である。

 ライフスタイルの定義[2]を端的に表現すると, ライフスタイルとは「生活課題の解決および充足の仕方」(井関, 1979) である。その生活課題の解決・充足には生活資源 (財・サービス, 情報, 機会) のある組み合わせの選択が行われるが, その解決・充足の仕方が人によって異なる。それがライフスタイルの違いになる。したがって, ライフスタイル分析では, 生活課題の類似と差異に着目する。

 このような, ライフスタイルは生活者の欲求, 生活行動, 価値観, パーソナリティ, 生活空間, 文化観, 生活構造などを包括する概念であるため, マーケット・セグメンテーションからの分析への新しい基準となりうるとの期待を集め, そのためのクラスター分析などが注目された。

 また, 消費者は自分なりの生活設計をし始めている。ライフスタイルがマーケティングの新たなテーマとなるのはそのためである。ただし, 消費者は消費を含めた生活を自律的に取り仕切っていくという意味で「生活者」といわれるようになった。生活者は自ら価値判断を行うため, メーカーや売り手が操作できるものではない。企業は「操作する」のではなく, 生活設計あるいは生活開発へと積極的に参加する努力が求められるようになった。

3. ライフスタイル・アプローチの種類

 では, ライフスタイルをどのように明らかにするのであろうか。それは, ライフスタイル・プロフィールの類似と差異に基づいて, 生活者をいくつかのタイプに分類し, それぞれの反応型, 行動型の差異を定式化していく。著名なライフスタイル分析は3つある (小嶋, 1979)。

 1つ目は, ソーシャル・トレンド・アプローチの1つであるヤンケロビッチ・モニターである。これは, マクロの視点から社会全体の特徴的なライフスタイルの推移を時系列的に探ろうとするもので, 長年のデータの積み重ねに基づいて, 将来の見通しを推測するといった手法である。2つ目は, AIOアプ

ローチと言われるもので，広範囲な生活の諸側面のすべてを包括的に取り上げると同時に，従来のデモグラフィック・アプローチや社会経済行動などによって，消費者行動を捉えようとする分析方法である。3つ目は，ライフスタイルの「クラスター分析」アプローチである。これは，生活者自身をそれぞれのクラスターに分けて，そのクラスターの特徴をもってライフスタイルであると解釈しようとする。

　このような分析されたライフスタイルの差異に基づいて，その行動主体である生活者に対し企業はアプローチしていくことになる。つまり，ライフスタイルによって市場を細分化し，ターゲット顧客層のライフスタイルに基づいて，マーケティング戦略を策定することになる。

　また，ライフスタイル分析はライフスタイルそのものの分析だけでなく社会的傾向や生活意識動向の予測も行う。それらを活用した「生活」発想による商品開発やマーケティング戦略立案のための思考枠組みとして，ライフスタイル・マーケティングが注目されるようになった。このアプローチは，さらに一歩進めて，生活提案型の「ライフスタイルの提案」を行う戦略にまで発展した。つまり，消費者から生活者へと質的転換をした相手に対して，物品を製造し販売するだけでは十分に対応しきれなくなったため，生活ノウハウつきの商品組み合わせ，すなわちライフスタイルそのものの提供こそが，これからの企業戦略であるというのである。そして，そのための戦術を明細化しようとするまでに至った。

4．企業のライフスタイル・マーケティング

　1975年，ダイエーショッパーズ碑文谷店[3]では，「お客様の望まれるライフスタイルを1つの売場にまとめて提供するとともに，ダイエーの考えるライフスタイルを明確に打ち出す」というコンセプトのもと，商品を主体とした売場構成の配置ではなく，商品が生活のどういう側面で使われるかによる商品配置へと転換した。たとえば，家電製品の売場をなくし，カラーテレビやオーディオ

製品は「趣味とレジャーのフロア（6階）」に，洗濯機や冷蔵庫は「暮らしのフロア（5階）」に，男性用ドライヤーは「メンズフロア（4階）」に，女性用ドライヤーは「レディスフロア（2階）」に置かれた。

ライフスタイルの提示は，他にもある[4]。1970年，富士ゼロックスは広告で「モーレツからビューティフルへ」と謳い，旧国鉄は「ディスカバー・ジャパン」を唱えた。個別の観光地の宣伝ではなく，日本を旅するライフスタイルそのものを提示した。

70年代半ば，駅前の割賦販売店だった丸井は「ニューファミリー向け」を打ち出し，デザイナーズ＆キャラクターズ・ブランド（以下，DCブランド）を買い取っては割引して売る商法で若者を吸引して，都市型総合店に変身した。「ニューファミリー」なるライフスタイルの提示により，丸井はひとまとまりの商品を売り出した。

1973年，「すれちがう人が美しい，渋谷＝公園通り」というコピーとともに渋谷に進出したパルコは，そうした広告戦略の極点を提示した。区の街づくり計画と連携し，駅から500メートルのさびれた道路の名前を「VIA PARCO（公園通り）」と呼び替え，都市空間のリニューアルまでも図る演出を行ったのである。ここでも個別の商品は背景に退き，消費生活を包括するライフスタイルが全面で広告されている。

5．70年代の「モノからコトへ」とは

70年代になると，既述のように基礎的耐久消費財が普及し，物質的に豊かな生活が実現した。高度経済成長が終わり，2度のオイルショックを経験したということもあり，消費者は個人の感受性やライフスタイルに対応した個性的な消費を行うようになったが，企業側からすれば，高度経済成長期のようにモノが売れなくなった。消費者は，物質的な豊かさよりも心の豊かさが重視するようになった。つまり，消費を含めた生活を自律的に取り仕切るようになった消費者は生活者と言われるようになり，その生活者は自ら価値判断を行うため，

企業は生活者の生活設計あるいは生活開発への積極的な参加努力が求められるようになった。したがって，このような時代に言われた「モノからコトへ」は，物質的な豊かさ（つまり，モノ）の追求よりも「生活の仕方」や「ライフスタイルのあり方」（つまり，コト）の充足が重要であるということを意味する。端的に言うと，70年代のコトは，ライフスタイルを意味する。

III. 1980年代の「モノからコトへ」─記号消費

1．消費の個性化・多様化

　1980年代は，消費の多様化・個性化が一層進んだ時代である。そのことが調査や書籍によって示されている。経済企画庁国民生活局（1984）は『消費構造変化の実態と今後の展望』で，「①食生活では食事そのものを楽しんだり，衣生活では装うこと自体を楽しむことにより重点がおかれるようになった。つまり，より個人の好みを反映させるようになり，食生活や衣生活のあり方が多様になった。②耐久財もその普及率の上昇にともない，単に保有することから個人のニーズや好みが重視されるようになっている。③食生活や衣生活において，手軽に済まそうという傾向と手間ひまかけた料理を楽しむ傾向というように，1つの家計のなかで一見すると相反する動きが複数みられる」というような消費の多様化・個性化の現状を示し，多様化・個性化する消費を決定していく要因として消費者の価値観，意識ないし心理的側面がより一層重要になってきていることを示すと論じている。

　また，経済企画庁（1986）は『国民生活白書』（昭和61年版）において，多様化する家計の消費支出構造を分析している。10大費目の支出割合のばらつきを標準偏差で見てみると，交通通信，教養娯楽，教育，被服及び履物，その他の消費支出という選択的消費費目でばらつきが大きいことが分かった。これは，各世帯間によってこれらの費目間の重点の置き方が異なるというわけだが，人々が自らの意志で選択的消費費目の重点化を図り，生活に彩りを与えている

と指摘する。また，世帯属性により費用は異なるが，個性豊かな生活を求め，多様な消費活動が行われていることも指摘している。

さて，1980年代に消費の多様化が進展したのに対し企業はどのような対応を行ったのだろうか。『季刊消費と流通』編集部（1986）によると，企業は多品種少量生産で対応していったことが明らかになる。同誌は，主要企業82社のマーケターを対象としたアンケート調査の結果から，以下のようなことを明らかにした。①ほとんどの企業が消費者の多様化を実感しており，特に商品のソフト面への多様な欲求が強いと感じている。②企業の多品種少量生産への移行[5]は，80年代に限っていうと消費者の価値観やライフスタイルが多様化し，それに伴って消費者のニーズも細分化されたことに対応するために，企業は多品種少量生産に移行しているということも示されている。さらに，③多品種少量生産へ移行した企業の80％が多品種化した製品のすべてないしは大部分で採算が取れていると回答している。

また，藤岡和賀夫（1984）『さよなら，大衆』，山崎正和（1984）『柔らかい個人主義の誕生』，博報堂生活総合研究所（1985）『「分衆」の誕生』など，「画一的・大量消費の時代の終焉＝多様的・個性的消費者の出現」を主張する著書も出版された。

2．記号消費

これらの著書とも関連するのだが，消費の多様化・個性化はBaudrillard（1968, 1970）の言う「記号としての商品（モノ）の消費」（「記号消費」）という視点から説明することができる。

記号は2つの意味をもつ。1つは，物的記号としての直接な意味である。これをデノテーション（外的意義）といい，記号の表面に表された意味である。もう1つは，他の商品との関係において生じてくる意味である。ひいては社会的・文化的記号としての秘められた比喩的な意味であるという。これをコノテーション（内示的意義）といい，記号の裏面（深層）に秘められ隠された意

味である。

　記号の2つの意味を商品で見ると，デノテーションは商品の物的価値，機能的価値である。商品のコノテーションは，物的価値に対し記号的価値ということができ，文化的な存在としての比喩的な意味を示す。大量消費社会では，モノの価値は商品の機能や性能という物的記号にあるのではなく，その商品に付与された特別な文化的記号が重要であり，商品としての価値は，他の商品のもつ記号との差異によって生まれる。

3．差異化に対応したビジネス

　さて，後半のバブル経済期も含めた80年代において，消費が多様化・個性化したということは，「人並み」から他者との「差異化」を求めて消費が行われるようになったということを意味する。商品は，その機能よりも社会的・文化的意味をもった記号として消費される。ある商品がもつ意味とは，他の商品との比較によって生じる差異のことであった。したがって，他者との差異を求める消費は，商品という記号を介して自分の個性を他人に向けて主張する言語活動（コミュニケーション）である。

　たとえば，多くの若者がそれぞれ特定のDCブランドを着たが，これはブランド品がその消費を通じて自己を社会の中で定位するのに格好の道具として認識されたからである。

　車も，高級車というだけでなくディテールに凝ったデザインが，個性化の表現手段として求められた。

　広告も差異化を強調するものが主流となった。80年代初めに西武百貨店が連続して出した広告はその代表例である。1980年の「自分，新発見。」，81年の「不思議，大好き。」，82年の「おいしい生活。」である。70年代の広告と違い，ライフスタイル提案のメッセージはない。「消費者側で広告メッセージを読み解き，自らの生活行為に組み込む能力が形成されてきた事情を十分に把握していたので，広告制作者はこのような表現が許された」（須藤，2012）。

記号消費に対応したビジネス展開は，百貨店を中心とした流通業でも見られた[6]。本来，店舗は消費者の基本的な生活欲求に対応すべく流通機能を発揮する。生活欲求に応じた品揃えや陳列，優れた品質の商品の適正価格，商品の受け渡しや代金決済の合理化などの流通機能を店舗では遂行する。しかしこれだけでは，競合店舗との差別化はできない。そこで，店舗を劇場店舗もしくは劇場空間として仕立て上げ，百貨店に本来備わっている流通機能に文化的機能を付加して，店舗経営を行うようになった。消費者の嗜好や感性の変化に対応したマーチャンダイジング，売場のディスプレイや店舗空間装飾の文化的表現，美術展や展覧会などの催事，カルチャーセンターといった文化的事業などを行い，文化的機能を差異化の手段として活用した。その事例として，西武流通グループの百貨店やウェーブ，西友大森店，ファッションビルではパルコ，ルミネ，ラフォーレなどがあげられる。

4．80年代の「モノからコトへ」とは

さて，記号消費社会では，「モノからコトへ」はどのように捉えたらいいのだろうか。結論から言うと，モノとは機能としての商品であり，コトは差異化を追求するうえで有益な意味をもった記号ということになる。モノのもつ意味が他の商品との関係において価値をなすというのは，事的世界観（廣松，1982）によって説明できると青木（1985）は主張する。

商品をモノではなく意味をもった記号として捉えようとすると，これまでの商品への認識論的な転換を図らなければならない。廣松（1982）の言う事的世界観では，認識の対象と主体が従来の認識論（「主観－客観」の図式において論じられる）とは異なる。認識の対象としての与件はそれ以上のものとして認識される。たとえば，目の前にあるものにコップという意味がついていなければ，われわれの目の前にあるのは漠然としたものでしかない。また，認識の主体も，自存するのではなく他者との関係において成立する。したがって，認識される意味は当該主体個人の主観ではなく，その主体の関係する他者との関係

において構成される。事的世界観を端的に言うと，世界つまり認識対象は意味を含んでしか成り立たず，それはこちら側の認識作用を含んでしか成り立たないし，またそのように認識作用をする個人というのも自存的なものではなく関係の結節である，といえる。

このような事的世界観に基づいて，青木（1985）は「商品は，他の商品との関係において1つの商品としての価値をもつ」と主張する。事例として再生機能しかもたないウォークマンを取り上げ，ウォークマンそれ自体が独立して新しい物理的機能をもっていることに意味はなく，その「新しい機能」あるいは「新しい形態」「新しい意味」が成立しているのは，室内で音楽を楽しむために多機能・高品質も追求したステレオという「古い」モノとの関係，古いモノとの対立・差異によってであると述べる。

この他に，モノを売るのではなくコトを売る事例を2つあげている。1つは，消費者に朝食関連商品の陳列販売を行ったイトーヨーカ堂の「朝食メニューコーナー」である。消費者は朝食というコトを充足するためにコーナーに立ち寄り商品を購入する[7]。もう1つは，バンダイのプラモデル「機動戦士ガンダム」シリーズである。アニメ作品の主要な構成要素が，ほとんど手に入るようにシリーズ化されていて，さらにアニメの中の名場面のジオラマセットを揃えている。消費者はこのセットを組み合わせて「機動戦士ガンダム」の物語，イメージのパフォーマンスを楽しむことができる。つまり，ガンダムのプラモデルをモノとして購入するのではなく，「機動戦士ガンダム」というコトを購入するのである。このような，モノとは違いコトとしての商品には，空間的・時間的なコト性の意味が込められている。

以上のように，80年代になると，他者との差異化を求めて商品そのものの消費から，記号（の意味）消費へシフトしていったが，それは，記号（の意味）に基づいて商品を関係づけるという特徴が見られた。事例として取り上げた再生単機能のウォークマンはステレオとの対比という関係で意味をもったし，朝食メニューコーナーは「朝食」という記号のもとで品揃えを行い，ガンダムシリーズは「物語」という記号のもとでシリーズが成立した[8]。80年代はそれら

のコトを称して「モノからコトへ」といったのである。

IV. 1990年代以降の「モノからコトへ」
—デフレ経済の消費

1. デフレ経済の進行

90年代以降は、デフレ経済である。デフレ[9]とは物価水準が継続的に下落することである。物価が下がると、モノ（財）やサービスを買いやすくなったり、これまで買えなかったモノやサービスが手頃な値段で買えるようになるため、デフレは消費を下支えする面があるが、現実には消費は停滞した。

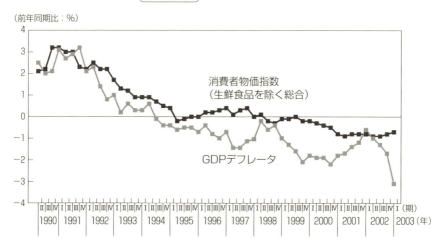

図表1-2　緩やかなデフレ傾向

(備考) 1. 内閣府「平成15年1月～3月期四半期別GDP速報（1次速報値）」、総務省「消費者物価指数」により作成。
2. 消費者物価指数とGDPデフレータの対前年同期比の推移。
3. 1997年4月の消費税率の引き上げ（3％→5％）が価格に完全に転嫁されることを仮定し、97年第2四半期以降は消費税率引き上げ分（1.94％＝（1.05－1.03）／1.03）を調整している。
4. ローマ数字は四半期を表す。

(出所)『国民生活白書』平成15年版。

『国民生活白書』(平成15年版)によると、その理由は以下のとおりだ。まず物価水準の継続的下落だが、小売段階での物価を捉えた消費者物価指数は1998年半ばから、日本経済全体の支出を対象とした物価指数であるGDPデフレータ[10]も90年代半ば以降下落傾向になった。つまり、物価の下落が見られた90年代半ば以降はデフレ傾向にあり、98年以降にその傾向がより鮮明となって、その後緩やかなデフレが続いた(**図表1-2**)。また、地価や株価などの資産価格の低迷、いわゆる資産デフレも続いていた。

このデフレ経済のもと消費が大きく減少するのは、所得の低迷と消費性向(可処分所得に対する消費支出の割合)の低下が原因になっている(**図表1-3**)。実質可処分所得は97年以降大きく減少している。これは、企業の本格的な雇用・賃金調整が大きく影響を与えた。このような雇用・所得環境のみな

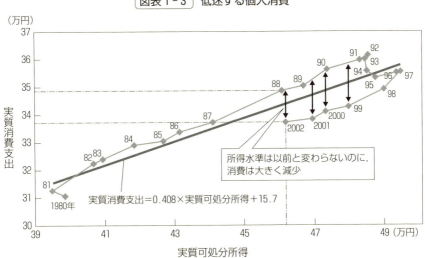

図表1-3 低迷する個人消費

(備考) 1. 総務省「家計調査」、「消費者物価指数」により作成。
2. 実質可処分所得及び実質消費支出は各年の1か月当たりの平均額。
3. 全国・勤労者世帯を対象とした。
4. 図中のトレンド線は、1980年から2002年までを対象とした近似曲線。

(出所)『国民生活白書』平成15年版。

らず（年金など）老後の生活など将来に対する不安が原因で，20代から40代の消費性向を大きく低下させている。

2．デフレ経済下のこだわり消費

　所得の低迷，消費性向の低下が2000年代に入っても続くが，経済同友会（2009）は，自己実現欲求のための「こだわり消費」とそうでない「こだわりのない消費」と，生活者の時間の使い方に着目して，5つの時間消費の型を提示している。1つ目は，「時間娯楽型消費」である。余暇を価値ある時間として過ごせるような商品やソフト，サービスが消費される。2つ目は，「時間節約型消費」である。労働や移動，家事といった生活必需時間を減らすために必要となる消費である。食器洗浄機やインターネット通販といった家事労働のサービス化になる商品やサービスの消費はこれにあたる。また，「こだわりのない」分野の商品には労働時間の対価であるお金も買い物にかける時間も節約したいと思う。ユニクロやニトリといった製造小売（SPA）企業がこのような欲望に応える。3つ目は，「時間重複型消費」である。これは，待ち時間や移動時間に音楽やゲーム，電子書籍などを楽しむというように，より多くの時間を楽しみたいという消費者の欲望を満たす消費である。4つ目は，「時間共有型消費」である。カーシェアリングや，リースやレンタルビジネスのように，購買や所有よりも使用に価値を置く消費者も少なくない。5つ目は，「時間拡大型消費」である。いま目の前にある商品にこだわるだけでなく，商品の産地や工場，原材料や素材といった過去の情報から，その商品を食べたり使ったりすることで自分の身体や健康にどう影響するのかといった未来に関しても，考慮する欲求が高まってきている。このような欲求に応える商品が求められてきているのも今日の消費の特徴の1つである。

　これらの消費の型からいえることは，所得の低迷と消費性向の減少という制約条件のもとで，生活者はこだわりのない分野の消費にかかる時間とお金をいかに節約し，こだわる分野での消費にいかに時間とお金をかけ，どのような体

験がしたいかということを重視しているということである。

3．90年代以降の「モノからコトへ」

　90年代以降の消費の特徴として，こだわる分野の消費とこだわらない分野での消費を指摘したが，こだわり消費の事例を3つ見てみよう。この時代のコト売りで成功した企業の代表が，1991年から18年連続増収増益を達成[11]したハーレーダビッドソン・ジャパン（以下，HDJ と表記する）である。同期間 HDJ の代表取締役を務めた奥井俊史は，『「モノ」を売るために「コト」を売る』（奥井，2008）と言っている。奥井（2008）は，「現代の消費者は，商品に備わった有効性にだけ価値をおいて購買の決定に至るのではなく，商品のストーリー性や使用による快感，満足感といった感情的な経験から得る価値を重視するようになっている。HDJ は，そうした経験価値を実現するために，HD のもつ歴史・伝統・文化と，HD を所有する人々の生活をより楽しいものとして深めていく，つまりはそのライフスタイルを充実させるためのライフスタイル・マーケティングを体系的に展開してきた」（5頁）と述べている。

　また，花王のヘルシア緑茶は長年成熟市場であったペットボトル緑茶市場に，体脂肪カットというそれまでのペットボトル緑茶がもっていなかった機能をもって参入し，「健康」にこだわる消費者に支持され，同市場を活気づけた。

　3つ目は，スマートフォンである。電話に音楽再生プレイヤー，インターネットが一体になり，さらにさまざまなアプリが付加されることで，使い方が広がり日常を快適に過ごせるという体験をし，ユーザーはますますスマートフォンを手放せなくなった。

　スマートフォンは音楽やゲームを楽しむだけではない。情報システムと物流システムの発展により，スマートフォンを利用したインターネット通販（以下，ネット通販と記載）が盛んになってきている。価格の比較や商品・サービスに関する購入者・利用者の評価を検索することができる。購買に関しても，Amazon をはじめとした大手ネット通販では，実店舗での価格よりも低価格で

購入することができる商品も少なくない。

　さらに，シェア経済として，衣類や自家用車など自分自身が所有するがあまり使用しない所有物を時間単位で貸し出すことも，スマートフォンの普及で顕著になってきた。企業でも，ストライプインターナショナルは自社ブランド衣類を1か月5,800円で何点でも借りられる「メチャカリ」というビジネスを展開している。これらは，モノを所有するよりも使うという体験に価値をもった生活者に支持されている事例である。

　また，旅行の仕方も変化している。交通機関や宿泊施設の予約もスマートフォンでできる。一般の民家を利用する民泊や地元の文化や風土などを体験できる多彩なメニューによって，通り一遍の観光ではない旅行者自身のこだわりを反映させた旅行の選択が可能になった。

　コトは大きく捉えるとライフスタイルと関係するのだが，より具体的には商品・サービスのストーリー性や使用・利用から生じる感情的な「体験」が重要になる。なぜなら，Pine and Gilmore（1999）が述べるように，体験価値は「企業がサービスの舞台に，製品を小道具に使って，顧客を魅了するときに生じる。コモディティは代替可能，製品は有形，サービスは無形だが，体験は思い出に残るという特性を持つ。体験を買う人は，ある瞬間やある時間に企業が提供してくれる"コト"に価値を見出す」（翻訳書，28-29頁）からだ。特にこだわる分野での消費は，この体験があってはじめて消費者は満足し価値を感じ，さらなる次の消費につながるからである。

　このように90年代以降は，コトは体験を意味した。モノは使用すれば何らかの使用体験をもたらすが，ここで重要なのは感情的な体験である。それが顧客にとって価値をもたらすことになる。

V．さまざまな価値に基づいた消費の類型化

　「モノからコトへ」の意味を1970年代から見てきた（図表1-4）。70年代は，高度経済成長期が終わり基礎的耐久消費財の普及率が高まり，質的豊かさを求

図表1-4　コトの変遷

	70年代	80年代	90年代以降
コトの意味	ライフスタイル	記号	体験

(出所) 筆者作成。

める消費者に「ライフスタイル提案」のマーケティングが注目された。70年代は，「モノからライフスタイルへ」という意味で「モノからコトへ」がいわれた。

80年代は，他者との差異化を求める消費者が，モノではなくモノに付与された記号，つまり意味を消費するようになった。記号消費の時代である。「モノからコトへ」は「モノから記号へ」であった。1990年代以降のデフレ経済では，モノではなく体験にお金を払うという特徴が見られるようになった。「モノからコトへ」は「モノから体験へ」という意味になった。

このようなコトの意味をもとに70年代から今日までのコトの意味の変化を見てきたが，以下ではその変遷に関するキーワードをもとに，「消費の目的」と「消費の対象」という視点から消費の類型化を考察する。

1. 60年代から80年代の消費

まず，60年代から80年代の変化を見ていこう（図表1-5）。物質的な豊かさを追求したのは高度経済成長期の60年代であるが，70年代は生活の質の向上を求めて生活者は消費を行った。商品を所有することよりも，自らのライフスタイルに基づいて商品を使用することに意義を求めた。「消費の目的」が所有から使用に変わった。ただし，この時代は使用といっても，商品の機能が重視されている。したがって，機能的価値の所有というセルは60年代の「物質的豊かさ追求消費」といえる。70年代になると「消費の目的」が所有から使用に変化したのは，ライフスタイルを実現するために商品を使用するからである。したがって，物的機能の使用というセルは「ライフスタイル消費」である。80年代

図表1-5　60年代から80年代の消費の目的と対象

		消費の目的	
		所有	使用
消費の対象	機能的価値	物質的豊かさ追求消費	ライフスタイル消費
	意味的価値	×	記号消費

(出所) 筆者作成。

になると,「消費の対象」が変化した。機能的価値から意味的価値への変化である。なぜなら,生活者は他者との差異化のために商品の記号の意味にこだわるようになったからである。商品に隠された意味的価値を他者との差異化のために使用するというセルは「記号消費」である。

2．90年代以降の消費

次は,90年代以降の消費である。90年代以降のキーワードは体験である(図表1-6)。商品のコモディティ化が進み,使用よりもどのような体験をするかということが重視されるようになった。思い出に残るような感情的体験をするための消費である。80年代との対比でいうと,90年代以降になって「消費の目的」が使用から体験に変化した。体験は思い出に残るという特性をもつ(Pine and Gilmore, 1999)。それは,五感を通した感覚的な体験である。そのような体験のために商品・サービスを消費するのが,「こだわり消費」である。

ただし,90年代から2000年代はデフレ経済が進行したため,「消費の目的」の1つである使用がライフスタイル実現のためというよりは,こだわりのない分野の商品の単なる使用という意味に変化した。つまり,「消費の目的」がコ

図表1-6　90年代以降の消費の目的と対象

		消費の目的		
		使用		体験
消費の対象	機能的価値	モノ消費	こだわり消費	クオリティ消費
	感性的価値12	自己表現消費		自己実現消費

（出所）筆者作成。

モディティ化につながる単なる商品の「使用」と，思い出に残る「体験」を目的とした消費とに分けられるようになった。

　このような「消費の目的」の変化と「消費の対象」の変更に基づくと，こだわりのない分野の商品の使用は「モノ消費」である。コモディティ化した商品がここに該当する。ただし，インターネットによって簡単に価格の比較や評判の探索ができるため，常に価格競争が生じやすい環境にある。

　商品のもつ感性的価値を使用するのは「自己表現消費」である。ファッションに代表されるような，他人への自己アピールという他者からの評価がベースの消費である。ファッションは，自分が身に着けているもので人となりを判断されるので，本人としては自分に似合ったものを身に着けることが楽しくなる。乗用車なども自分のステータスとして他者へのアピールを実現できる。ただし，インターネットの普及により安く買うこともできるしシェアすることで自己表現をしやすくなっているのかもしれない。

　次に体験を目的とした消費であるが，機能的価値を体験するというセルは，「クオリティ消費」である。ここでは2種類のクオリティ消費が見られる。1つは，これまでにない高機能商品の体験である。新たな技術開発によって既存製品では体験できなかった「新しい体験」が消費者に歓迎される。たとえば，

成熟市場であったペットボトル緑茶市場に現れたヘルシア緑茶はこの代表的な事例である。体脂肪カットというまったく新たな機能が，食生活を変えなくてもやせるという体験をもたらした。もう1つは，多機能商品である。代表的な商品は，スマートフォンである。電話に音楽再生プレイヤー，インターネットが一体になり，さらにさまざまなアプリが付加されることで，使い方が広がり日常を快適に過ごせるという体験をし，ユーザーはますますスマートフォンを手放せなくなった。これは80年代後半のバブル経済期に多機能化したビデオデッキとはまったく異なる。それは，使い勝手という使い手側のメリットに立脚しているかどうかという体験の側面の違いが大きい。

感性的価値を体験するセルは「自己実現消費」である。この代表例の1つが，すでに述べたハーレーダビッドソン（以下，HD）の楽しみ方である。大型バイクを単に乗りまわすのではない。仲間と集ってさまざまなイベントに参加する。HDのファッションを楽しむ。つまり，HDのさまざまな商品やサービスを消費することでHDのもつ歴史・伝統・文化を理解し体感し，自身の生活をより楽しいものとして深めていく。自己実現を求めながら消費をしているのである。さらに，前述の旅行の仕方も「自己実現消費」である。主体的な判断で，好立地や風光明媚な宿泊施設に泊まるのではなく，旅行先の住民の生活により近い民泊を利用する。観光地を観て回るだけでなく，旅行先の地域の文化や自然などを学ぶイベントに参加し，地域の人たちと交流することで，ガイドブックには載っていない感動体験をする。

VI. モノ売りからコト売りへ

本章には2つの目的があった。1つ目は，コトの内容を明らかにすることだった。そのため，1970年代にまでさかのぼり「モノからコトへ」を考察した。

その結果，生活者が生活の質を追求するようになった70年代のコトの意味はライフスタイルであった。人並みの豊かさを求めることから自分らしさを求め始めた時代だったのである。

他者との差異化を求めた80年代のコトの意味は，記号であった。商品に付与された記号の意味に違いによって，社会の中で自己を定位した。記号は他の商品との関係性に注目するとさらにおもしろい一面を浮き立たせる。たとえば，単独で提供されるよりも，朝食というコトのもとで，1つひとつの商品は価値が高まる。プラモデルの「機動戦士ガンダム」シリーズはそのアニメの物語というコトのもとで1つひとつの商品の価値が高まるのである。

90年代以降のコトは，体験を意味した。デフレ経済のもとでは，1人の生活者であってもこだわり消費とこだわらない消費を使い分けるようになった。モノも使用すれば使用体験が生じるが，ここで重要なのは思い出に残るような感情的な体験である。そのような体験を生み出すのは1つの商品や1つのサービスではない。さまざまな要素が関連して感情的な体験が生み出される。

2つ目の目的は，それぞれの時代の消費の類型化であった。図表1-5，図表1-6で示したように，それぞれの時代の消費を，60年代の「物質的豊かさ追求消費」，70年代の「ライフスタイル消費」，80年代の「記号消費」，90年代の「モノ消費」や「自己表現消費」，「クオリティ消費」，「自己実現消費」と名づけて類型化し，各消費の違いを明確にした。

物質的な豊かさがもたらされ高度経済成長期が終わり，モノが簡単に売れなくなった。そのような環境の下で何を売ったらいいのか。その答えとしてコトを売ってきたのであり，具体的には「ライフスタイル」や「記号」，「体験」を売ってきたということができるだろう。このようなコトの意味は時代によって多様に使われてきたが，その本質は何なのかということが明らかになっていない。時代が変わればその市場の状況に応じてまた新たな「モノからコトへ」が謳われるかもしれない。重要なのはそのような変化の予測や一時的な対応ではない。コトの本質を明らかにし，顧客に役立つ視点を見出すことこそが重要である。次章からは，この課題に取り組んでいきたい。

●注

1 ライフスタイル概念の歴史に関しては，井関（1979）を参照のこと。
2 井関（1979）は，ライフスタイルを次のように定義している。ライフスタイルとは，生活主体が，①生活の維持と発展のための生活課題を解決し，充足する過程で，②自らの独自な欲求性向から動機づけられ，③自らの価値態度，生活目標，生活設計によって方向づけられ，④外社会（企業，政府，地域社会など）が供給する財・サービス，情報，機会を選択的に採用，組み合わせ，⑤社会・文化的な制度的枠組みからの制約のなかで，⑥日々，週，月，年，あるいは一生のサイクルを通して，能動的，主体的に設計し，発展させていく，⑦生活意識と生活構造と生活行動の3つの次元から構成されるパターン化したシステムである。
3 ダイエーの事例は，川勝（1976）を参照した。
4 ここでの事例は，松原（2000）を参照した。
5 多品種少量生産への移行は大きく分けて3つの契機がある。まず，高度経済成長末期に嗜好性の強い商品が大衆化し，企業が市場拡大を図っていくうえで，多品種化が求められた。これは，既述の70年代の「需要の個性化」に対応しようとしたライフスタイル・マーケティングの具体的な活動の1つである。その後，第1次オイルショックも多品種少量生産への移行の契機となっている。そして，80年代の消費者への対応である。
6 詳細は，星野（1985a）を参照のこと。
7 これは，70年代のライフスタイル提案と同じであるといえる。
8 この当時注目された『物語消費論』（大塚，1989）もコト消費といえる。
9 『国民生活白書』（平成15年版）は『経済財政白書』（2001年度）を参照し，デフレの要因として，①景気の弱さからくる「需要要因」，②安い輸入品の増大，ITなどの技術革新，規制緩和による流通の効率化などの「供給面の構造要因」，③日本銀行が大幅な金融緩和策を講じているにもかかわらず，銀行貸出やマネーサプライはなかなか増えない「金融要因」の3つをあげている。
10 消費者物価は，輸入物価の変動の影響を直接的に受けるのに対し，GDPデフレータは，輸入物価の変動による直接的影響を除いた物価の動向を捉えることができる。そのため，GDPデフレータが下落していれば，輸入物価などの外生的要因とは別の国内的要因によって物価が下落していることになる（「経済財政白書」（2002年度）第1章第1節2デフレの現状参照）。
11 91年から増収増益であるが，96年から始まった自動車学校での大型自動二輪免許の教習が同社の業績をより一層押し上げている。
12 90年代以降の消費は体験を重視するようにもなったので，図表1-5の「消費の対象」である意味的価値も，顧客の五感に関わる製品のさまざまな属性を重視して定義づけた「感性的価値」（青木，2011）に代替することが適切であろう。体験は五感（視角，聴覚，臭覚，味覚，触覚）を通した感覚的な体験である。したがって，顧客の五感に関わるような製品それ自体の属性，あるいは，製品をブランド化する際に付与されるその他の属性（ネーム，ロゴ，シンボルなどのブランド要素や広告コミュニケーションによって創造されるさまざまなイメージなど）から得られる価値が，感性的価値である。

第2章
脱コモディティ化戦略における顧客像の探究

I. モノ余り時代のマーケティング

　モノ余りの時代になり，伝統的なマネジリアル・マーケティングの枠組みを超えた新たな試みが研究の分野でも見られるようになった。1つは製品分野を中心に始まった脱コモディティ化戦略の流れであり，もう1つがサービス研究の分野から始まったリレーションシップ研究やサービス・ドミナント・ロジックの流れである。

　本章では，この大きな2つの流れをレビューし，新たな試みの枠組みが価値や価値創造，顧客と企業の関係，顧客像をどのように捉えているかということを明らかにする。

II. コモディティ化とは

　近年，数多くの市場でコモディティ化が進行しているなか，そのような状況から脱するため「脱コモディティ化」のための道筋が模索されている（恩蔵，2007）。ところで，何がコモディティ化しているのだろうか。そして，コモディティ化とは何なのかをまず明らかにしてみよう。

　コモディティ化については，多くの研究者が定義している。以下では，企業視点の定義と顧客視点の定義を紹介しよう。前者の定義として，延岡・伊藤・森田（2006）は，コモディティ化とは「参入企業が増加し，商品の差別化が困難になり，価格競争の結果，企業が利益を上げられないほどに価格低下するこ

と」と述べている。青木（2011）は，コモディティとは「差別性がなく価格競争に陥りやすい商品」であると指摘したうえで，コモディティ化とは「企業間での模倣や同質化の結果，製品間での差別性が失われてコモディティと同じような状況になること」と主張する。

　顧客の視点を踏まえた定義として，楠木・阿久津（2006）は，コモディティ化とは「ある商品カテゴリーにおける競合企業間で製品やサービスの違いが価格以外にないと顧客が考えている状態」と指摘する。恩蔵（2007）は，コモディティ化とは「企業間における技術水準が次第に同質的となり，製品やサービスにおける本質部分で差別化が困難となり，どのブランドを取り上げて見ても顧客側からするとほとんど違いを見いだすことができない状況」であるとする。

　これらの定義によると，企業視点の定義によればコモディティ化するのは商品であり，顧客視点の定義によればコモディティ化するのは製品やサービスである。この違いは，研究者の専門分野に依るところが大きいと思われるが，現実としては商品のみならずサービスもコモディティ化している。

　次節では，製品・サービスのコモディティ化に対し，脱コモディティ化戦略に関連する研究を見ていく。

III．モノにおける脱コモディティ化戦略

　ここでは製品に関する４つの脱コモディティ戦略のレビューを行う。

1．意味的価値の創造

　延岡（2006，2010）は，「コモディティ化を回避するものづくり」や「価値づくりの技術経営」のためには，意味的価値の創造が重要だと主張する。

　まず，コモディティ化に関してであるが，コモディティ化を促進する要因には，供給側の要因と需要側の要因とがある。供給側の要因の代表が，モジュ

ル化である。部品がモジュール化されそのモジュール市場が形成される。そのことよって差別化シーズが頭打ちになる。

　需要側の要因は，商品に求める顧客の価値や機能の水準よりも実際の商品機能が上回ってしまい（オーバーシュート），機能に求める顧客ニーズが頭打ちになってしまう現象である。顧客ニーズの頭打ちの打開策として，顧客ニーズの伸長や転換があるが，いずれも商品機能が顧客ニーズを超えてしまうので，数字で表されるような機能に関する顧客価値だけを訴求している限りは，顧客ニーズの頭打ちを打破することは容易ではない。

　次に価値づくりの技術経営についてであるが，価値づくりは，経済的な価値を創造することを目的とし，経済学や経営学で定義する付加価値づくりである。価値づくりは，その企業にしかできないしかも顧客にとって価値の大きい商品を提供することであり，まさに，「社会にとって真に価値のあるものづくり」にほかならない。価値づくりに成功している企業は，そもそもものづくりを行っているが，それが顧客に対して顧客価値を提供し，競合他社に対しては競争優位性を有する状態にある。

　「コモディティ化を回避するものづくり」と「価値づくりの技術経営」は，密接に関係している。競争優位に関しては，部品のモジュール化が進み差別化シーズが頭打ちになっているため，単純に商品機能だけで競合他社との違いを出すことは困難になっている。つまり，モジュール化により機能的価値による競争優位性は低下し，その一方で，競争優位を獲得するためには顧客価値の重要性が相対的に向上することとなった。このことが意味するのは，競争優位性を獲得するには，差別化シーズが頭打ちになっている以上数字で表せないような何らかの顧客価値を提供しなければならないということだ。

　そこで延岡（2006，2010）が提唱したのが，意味的価値という概念である（図表２−１）。商品価値が機能的価値と意味的価値から成るとすると，意味的価値を追求することによって，単純な機能をベースとした過当競争を避けることができると，延岡（2006）は主張する。意味的価値が重要となる商品は，顧客がその商品に対して特別な意味を見出し，その意味に対して対価を支払う商

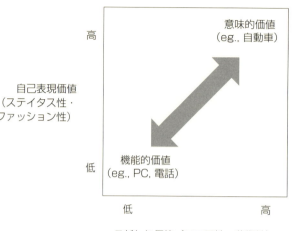

図表2-1 機能的価値と意味的価値

こだわり価値（マニア性・芸術性）

（出所）延岡（2006）。

品のことである。意味的価値とは，顧客の好みや感性，および使用する文脈などによって，顧客が主観的に評価・創出する価値のことで，その内容は，自己表現価値とこだわり価値とがある。自己表現価値とは，他人に対して自分を表現できることで生じる価値であり，見せびらかし消費がこれにあたる。こだわり価値とは，商品のある特定の機能や品質に関して顧客の主観的な「特別な思い入れ」から商品の機能が持っている価値を超えて意味づけられる価値である。こだわり価値の高い商品とは，商品がもつ特別な特性のために，それを所有したり使用したりする場合に，顧客自身が楽しみや喜びを感じることができる商品である。

　商品が意味的価値をもてるかどうかについては，商品の特性によって決まる部分が大きいが，商品戦略やマーケティングによって影響を与えることも可能である（延岡，2006）。

　意味的価値を創出するためのポイントは3つある（延岡，2010）。1つは，商品戦略で，顧客ニーズに対応するのではなく，市場もしくは顧客価値を新た

に創出する商品戦略が重要だと主張する。なぜなら，意味的価値は潜在的な特性をもつので，顧客は商品がない時点では事前に自分のニーズや製品デザインを表現することができない。そのため，顧客が喜ぶ価値を新たに創出して提供することが求められるからである。2つ目は，商品開発のマネジメントであり，重量級の権限のあるマネジャー（HWPM：Heavy Weight Product Manager）が必要だという。3つ目は，商品特性についてであり，デザインが重要であるという。

2．カテゴリー・イノベーション

　楠木・阿久津（2006）と楠木（2010）は，価値次元の可視性という視点を導入し，脱コモディティ化戦略として最も有効なのがカテゴリー・イノベーションであると主張している。
　価値次元の可視性とは，製品やサービスの価値を特定少数の次元（価値の特定可能性や測定可能性，普遍性，安定性[1]に基づいて把握できる程度のことである。コモディティ化の本質が，競争の中で製品やサービスの価値次元の可視化が徐々に高まっていくことにあるとすれば，コモディティ化回避の方法は，価値次元の可視性を意図的に低下させ，見えない次元の上に差別化を構築すればよい（楠木・阿久津，2006）。その考えのもとに，脱コモディティ化戦略の方向性として，ブラックボックス化と次元の見えない差別化を，特に次元の見えない差別化の基本戦略として，コンサルテーションと顧客実験，コンセプト創造を紹介している。
　この価値次元の可視性に価値次元の所在を加えた2つの軸で，楠木・阿久津（2006）はイノベーションの4類型（**図表2-2**）を示し，特にカテゴリー・イノベーションの有効性を主張する。価値次元の所在とは，価値が製品に内在する属性にあるのか，それとも製品を取り巻く状況なり使用文脈にあるのかという視点である。コモディティ化した市場では，製品属性から顧客の使用文脈へ価値次元を転換させる脱コモディティ化戦略は非常に有効である。なぜなら，

属性のイノベーションはコモディティ化への対抗策であるのに対し，使用文脈のイノベーションはコモディティ化の圧力を回避しようとする策だからである。ただし，それが成功するか否かは価値次元の可視性次第である。なぜなら，新しい価値次元の可視性が高い場合，その戦略が成功するほど競合他社の模倣は激しくなり，遅かれ早かれコモディティ化の脅威に直面すると考えられるからである。

　価値次元の可視性が低く，使用文脈にシフトしたイノベーションが，カテゴリー・イノベーションである。ここで価値次元の可視性が低いということは，使用文脈で再定義された価値の判断基準を特定少数の可視的な次元で記述することが困難ということである。したがって，この価値次元の可視性の低さは，競合他社と顧客，自社組織それぞれにとって重要な意味をもってくる。競合他社にとっては，価値基準が不明確なため競争の頑張りどころが曖昧で，模倣しづらいということになる。

図表2-2　イノベーションの4類型：価値次元の所在と可視性

購買決定のカギとなる価値次元の可視性	属性（コモディティ化対応）	使用文脈（コモディティ化回避）
低	感性イノベーション	カテゴリー・イノベーション
高	性能イノベーション	用途イノベーション

購買決定のカギとなる価値次元の所在

（出所）楠木・阿久津（2006）。

しかし，それは同時に，顧客と自社組織からすれば，カテゴリー・イノベーションの実現困難性につながる。価値次元の可視性が低いということは，顧客にその価値が伝わらない，理解されない可能性を含んでいる。また，自社組織にとってもカテゴリー・イノベーションが長期利益にどのように結びつくのか明確なデータとして提示できないために，資源投入の正当性を明らかにしづらくなる。

これらの難点を克服するために，楠木（2010）はストーリーの概念を導入する。次元の見えないイノベーションの価値と，それが顧客に伝わるプロセスはストーリーでしか理解できないし，説明できない。それゆえ，次元の見えないイノベーションのマネジメントの一義的仕事は，見えないがゆえにイノベーションが意図する価値の中身が顧客に理解され，周囲の人々に波及し，社会的に定着するまでに至る一連の時間展開を捉えたストーリーを構想し，それを製品やイノベーションに関わるあらゆる活動につくり込むことである。また，イノベーションに関わる組織内外の人々の間でストーリーが共有されるなら，ストーリーはイノベーションに向けたさまざまな活動を駆動・調整・統合するための原動力となる。

3．経験経済

Pine Ⅱ・Gilmore（1999）は，経験経済を提唱し経験の演出，さらには変身の誘導による差別化の重要性を主張する。経済が発展するとともに，経済的価値は，「コモディティ」から「商品」，「サービス」，「経験」，さらには「変身」へと進化する（図表2-3）。

ここでの「コモディティ」とは，農林水産や鉱業の産物のように自然界からの産物であり，それは代替可能という性質をもつ。「商品」とは，そのコモディティを原材料に用いて作られた有形の物品である。企業によって規格化され在庫される。「サービス」とは，既知の顧客それぞれの要求にカスタマイズした無形の活動の総体である。サービスは，顧客がしてもらいたいが自分では

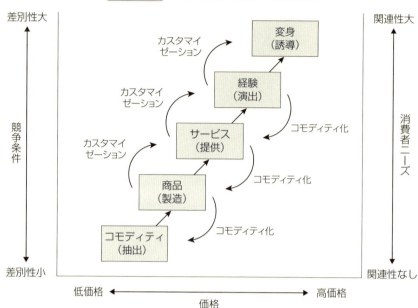

図表2-3 経済的価値の進化の最終形態

(出所) パイン・ギルモア (1999)。

しようとは思わない特定の仕事を行う。サービス経済では，商品はサービス提供の手段として位置づけられる。したがって，提供されるサービスの差別化が重要になるのだが，そのサービスがコモディティ化しているのが現状である。「経験」は，顧客を魅了し，サービスを思い出に残る出来事に変える。ゆえに，商品の使用・消費に関する経験の演出が重要になってくる。

　経験を演出するためには，顧客が商品を「使用している」ときにどう振る舞うか，ということに注目する。そして，企業は自社のサービス・製品をモジュール化し，それらのモジュールをダイナミックにつなぎ合わせるマス・カスタマイゼーションという手法で経験を演出する[2]。

　その経験も，はじめはいかに鮮烈であっても，記憶はやがて薄れていく。経験のコモディティ化である。これに対応するには，常に創意工夫を要するが，

もう1つの異なる方法が,「変身」である。経験を通して,顧客が望む自分へと「変身」することを実現することに,経済価値を生み出すのである。

顧客の変身願望を実現できたと実感できるのは,顧客自身である。そのために企業ができるのは,変身へ誘導することだけである。変身は,抽出も,製造も提供も演出もできない。誘導するのみである[3]。ここでいう顧客の願望とは,潜在的なものも含まれる。したがって,顧客の真の未来をつくり出すことが価値である。企業がその未来を達成できるようにフォローすることが重要になる。

4. コンテクストデザイン戦略

脱コモディティ化戦略を「コンテクスト」の視点から追求しているのが,コンテクストデザイン戦略である。

コンテクストデザイン戦略の中心的な考えは,次式で示した原田（2005）のビジネスモデルの定義である。

ビジネスモデル（価値発現装置）
　　　　　＝コンテンツ（提供内容）×コンテクスト（提供方法）

コンテンツとは,製品やサービスであり,サプライサイドがデマンドサイドに提供すべき内容である。製品・サービスに加え,デマンドサイド視点から捉えたソリューションも,コンテンツの構成物になっている。

コンテクストとは,サプライサイドがデマンドサイドにそれぞれのコンテンツを提供するための方法論であり,システムや制度,文化のようなビジネスプラットフォームを提供方法として原田（2005）は想定している。

このビジネスモデルのポイントは,「デマンドサイドに対して提供されるコンテンツの発現価値についてはコンテクストの寄与度に大きく左右される」ということであり,「コンテンツが保有している潜在価値を顕在化させる機能がコンテクストであり,それゆえコンテクストはコンテンツのための価値発現を可能にするある種のレバレッジである」（原田, 2005）。

したがって,「ビジネスモデルのイノベーションやパラダイムの転換については,一方のコンテンツのみならず他方のコンテクストに依拠する部分が多大」(原田,2012)である。そのため,脱コモディティ化戦略としては「コモディティ化するコンテンツに対して多大な投資をするよりも,むしろコンテクストに対して投資する方がより有効的な結果を出せる」(原田,2012)と考える。これは,先のイノベーション4類型の「属性」よりも「使用文脈」を重視する点と似ている。

コンテクストデザイン戦略の基本的な考え方は以上のようなものであるが,以下では具体的な戦略を見ていこう。コンテクストデザイン戦略とは,コンテンツを単独で提示するのではなく,より大きなコンテクストの中に位置づけて提案する戦略である。コンテクストデザイン戦略は大きく分けて2つに分類される。

まず,「コンテンツ不変型コンテクストデザイン戦略」である。これは,コンテンツ自身をまったく変えずそのままで,それを包み込むコンテクストを創造する戦略である。さらにコンテクストによって,①背景のコンテクストデザイン,②権威づけのコンテクストデザイン,③系列のコンテクストデザイン,④過程のコンテクストデザイン,⑤位置のコンテクストデザイン,という5つの戦略に分かれる。

2つ目は,「コンテンツ変化型コンテクストデザイン戦略」である。これは,コンテンツをある程度変化させつつ,それを包含するコンテクストを創造する戦略がある。さらにコンテクストによって,①順番のコンテクストデザイン,②単位のコンテクストデザイン,③集団のコンテクストデザイン,④組み合わせのコンテクストデザイン,⑤添加のコンテクストデザイン,⑥翻訳のコンテクストデザイン,という6つの戦略に分かれる。

改めて,コンテクストデザイン戦略の枠組みを振り返ってみよう。原田(2012)によると,コンテンツとは潜在的・顕在的価値の源泉であるが,コンテンツが顧客に受容されるまではあくまで潜在的な価値であり,顧客に受容された段階ではじめて最終的価値が確定する。したがって,コンテンツの価値が

十分な水準で出現するには，価値の顕在化あるいは価値の増大のための装置であるコンテクストの存在が不可欠となる。

以上のようなコンテクストデザイン戦略はどのような特徴をもつのであろうか。まず，価値創造について考察してみよう。価値はコンテンツに内在すると仮定している。それは，コンテンツが潜在的・顕在的価値の源泉であり，コンテクストという装置によってコンテンツの価値が発現もしくは増大すると述べている点から導かれる。

価値創造の主役は，サプライサイドの企業である。それは，コンテクストデザイン戦略がビジネスモデルを基に導出されている点から明白である。したがって，企業と顧客の関係であるが，それは，コンテクストデザイン戦略がコンテンツを包み込むコンテクストを創出することで，コンテンツの潜在的・顕在的価値の出現もしくは増大を狙うという構造のもとでは，顧客は価値提供の対象でしかない。

脱コモディティ化のためにコンテクストの重要性を主張するが，それはサプライサイドが提供するコンテンツを中心にしたコンテクストであると言える。

IV. サービスにおける脱コモディティ化の流れ

これまでは製品分野を中心に始まった脱コモディティ化戦略のレビューであったが，ここからはサービス研究分野での流れを考察する。

1. 伝統的なサービスの特性

サービスの特性は，伝統的に製品との比較から説明された。たとえば，Kotler *et al.* (2002) は，(1)「無形性」：見たり触れたりすることが困難である，(2)「不可分性（同時性）」：生産と消費が同時進行する，(3)「消滅性」：在庫として蓄えることが難しい，(4)「変動性」：人・時間・場所によって品質が異なる，に大別して説明している。このような製品との違いを明確にしたのは，製

品の4Pミックスに基づいてサービスのマーケティングを実践するためである。サービス財は，製品との対比によって明らかになったサービス特性を活かしてマーケティングを行う。たとえば，機内サービスは上記4つの特性をもつが，航空会社のTVコマーシャルでは，サービス生産者である飛行機に実際に搭乗しているキャビンアテンダントが出演して自分たちの機内でのおもてなしをアピールする。

2. 新たなサービス特性（リレーションシップ・マーケティング）

このように，サービスの特徴は製品との比較から説明されることが多い。しかし，サービス・リレーションシップ・マーケティングのノルディック学派は，サービス・モデルを開発するにはサービスを独自の資質から理解しなければならない[4]と指摘する。

Grönroos（2007）は，サービスは「プロセスあるいは活動である」と捉え，そのことに基づいて，サービスの基本的な3つの特性をあげている[5]。

最も重要な特性として，サービスは，活動あるいは一連の活動を含む「プロセス」であるということを指摘している。そのプロセスには，人だけでなく製品やその他の物的資源，情報，システム，インフラといった多様な資源が使用され，そのうえで顧客との直接的なインタラクションが行われる。そのインタラクションによって顧客の抱える問題へのソリューションが見つかる。また，顧客がプロセスに参加することで，そのプロセス自体が顧客にとってのソリューションの一部となることもある。

2つ目の特性として，サービスは生産と消費が同時に行われるということを指摘している。つまり，サービスの不可分性という特性のため，サービスの品質を事前にコントロールすることは難しい。サービスの品質管理とマーケティングは，サービスの生産と消費とが同時に発生するその時と場所において行わなければならない。

3つ目の特性は，最初の特性で指摘したことと関連するが，顧客が共同生産

者として，そのサービスの生産プロセスにある程度参加するということである。顧客は単なるサービスの受け手ではない。

　以上の3つの特性を要約すると次のようになるだろう。サービス・リレーションシップ・マーケティングではサービスをプロセスとしてみなすために，一連のプロセス内で生産と消費が同時的なサービスをめぐって顧客が共同生産者として積極的に参加することになる。その積極的な参加は生産者と顧客の一連のインタラクションという形で現れ，結果として顧客へのソリューションが導き出される。

　このようなノルディック学派の重要な成果は，独自のサービスの特性から交換ではなく「インタラクション」に焦点を当てたことである[6]。マーケティングを統合的に扱おうとすれば，サービス提供者と顧客とのインタラクションを消費プロセスに組み込む必要がある。つまり，マーケティングのすべての活動をこのプロセス・マネジメントに適合させることではじめて現実的なマーケティング・モデルが開発されると，ノルディック学派は主張する。そこでは，伝統的マーケティングで重要だった交換は，インタラクションの一部でしかないということになる。

3．サービス・ドミナント・ロジックの特徴

　マネジリアル・マーケティングの特殊分野に位置づけられるはずのリレーションシップ・マーケティングは，特殊分野にとどまることなく広がり，サービスを基盤としてマーケティングを捉え直すサービス・ドミナント・ロジック（以下，S-Dロジック）も大きな影響を受けた。以下では，そのS-Dロジックについて考察する。

　S-Dロジックはサービスを基盤とするため，リレーションシップ・マーケティングと同様に顧客とのリレーションシップを志向する新しいアプローチである。そのために，S-Dロジックはマーケティングを顧客への価値提供プロセスとして捉え直しているため，顧客との価値共創やインタラクティブなリレー

図表2-4 S-Dロジックの価値共創とG-Dロジックの生産との包括関係

(出所) 田口 (2010)。

ションシップが強調される。これは，市場へのモノの提供がマーケティング活動であるという考え方とは一線を画する (図表2-4)。

　従来，マーケティングにおける交換の対象は，モノ (goods) とサービスである。これに対しS-Dロジックは，従来の交換対象をモノとサービシーズ (services) と表現し，交換されるのはそれらの上位概念であるサービスであると主張する。S-Dロジックでは，単数形のサービスと複数形のサービシーズや，オペラント資源，オペランド資源，価値共創などといった独自の用語や定義が用いられる。以下では，それらをもとにS-Dロジックの特徴をもう少し詳細に見ていこう。

　S-Dロジックでのサービスとは，「他者あるいは自身のベネフィットのための行為，プロセス，パフォーマンスを通じた専門化された能力[7] (つまり，オペラント資源＝ナレッジやスキル) の適用」[8]という活動そのものを意味する。つまり，活動であるからサービスの交換はプロセスとして捉えなければならない。このサービスの交換プロセスにモノとサービシーズがどう関係するのだろ

うか。

　サービスの交換とは，それぞれのナレッジやスキル（オペラント資源）を企業と顧客が適用し合うことである。その相互の適用のし合いがモノやサービシーズ（オペランド資源）を介して直接的・間接的に行われて価値が共創される。

　上記の企業と顧客のサービス交換は，次の事例を考えると理解できる。モノの例として自動車は，自動車メーカーが金属やプラスティックなどの材料からなる約1万点のパーツを組み合わせて製造する。しかし，それだけでは自動車の価値は生じない。その自動車を運転するにも，顧客であるユーザーが実際に法令を遵守しながら運転をしたりメンテナンスを行ったりするスキルやナレッジを適用しなければならない。そうしてはじめて，価値が生じる。

　購入する化粧品を決める場合でも同じである。ビューティー・カウンセラーは自身のスキルやナレッジを適用して商品を絞り込んでいく。それと同時に顧客も肌の調子やこれまで使ってきた化粧品にまつわる話などをし，顧客も自身のスキルやナレッジを適用する。両者のサービス行為のやり取りによって，購入する価値があると認められた化粧品が決まる。

　このような事例から明らかなように，サービス交換のプロセスに着目するS-Dロジックは，価値はモノやサービシーズに内在するのではなく，プロセスの中で価値は創り出されるという「使用価値（value in use）」[9]に注目する。そのため，生産者が価値を創るのではなく，サービス行為者である両者が価値を共創する。

4．S-Dロジックにおける企業と顧客，価値

　前述の特徴をもったS-Dロジックは10の基本的前提（FP1〜FP10）がある（図表2-5）。ここでは，この基本的前提から，企業と顧客，価値について説明する。

　まず，企業像と顧客像を見ていこう。伝統的なマーケティングでは，企業が

図表2-5 S-Dロジックにおける基本的前提の追加と修正

基本的前提	オリジナル版（2004年）	修正版	解説
FP1	専門的スキルとナレッジが交換の基本的な単位である。	サービスが交換の基本的な単位である。	オペラント資源（ナレッジとスキル），つまりS-Dロジックで定義される「サービス」は，あらゆる交換のための基礎である。サービスはサービスと交換される。
FP2	間接的な交換が交換の基本的な単位を隠してしまう。	間接的な交換が交換の基本原理を隠してしまう。	サービスは，モノ，カネ，組織の複合体として提供されるため，交換のサービス基盤が常に明白であるとは限らない。
FP3	モノはサービス提供のための流通メカニズムである。	モノはサービス提供のための流通メカニズムである。	モノ（耐久および非耐久消費財）は使用を通じてその価値，つまり提供するサービスを生み出す。
FP4	ナレッジが競争優位の根本的な源泉である。	オペラント資源が，競争優位の根本的な源泉である。	望ましい変化を引き起こす相対的な能力が競争を促進する。
FP5	あらゆる経済はサービシーズ経済である。	あらゆる経済はサービス経済である。	サービスは，専門化とアウトソーシングの増加に伴い，明確になってきている。
FP6	顧客は常に共同生産者である。	顧客は常に価値の共創者である。	価値創造は相互作用的であることを意味する。
FP7	企業は価値を提案するにすぎない。	企業は価値を提供することはできず，価値の提案をするのみである。	企業は価値創造に適用されるリソースを提供したり，価値提供の受諾後に協働的（インタラクティブ）に価値を創造することはできるが，単独で価値を創り出したり，提供することはできない。
FP8	サービス中心的の視点は顧客志向であり，リレーショナルである。	サービス中心的な視点は顧客志向であり，リレーショナルである。	サービスは，顧客が決める，顧客のベネフィットという点から定義され協働されるものであるので，本質的に顧客志向であり，リレーショナルである。
FP9	組織は，高度に専門化された能力を，市場で受容される複合的なサービスに統合変換するために存在する。	すべての社会的経済的行為者はリソースの統合者である。	価値創造のコンテクストは，ネットワークのネットワーク（リソースの統合）であることを意味する。
FP10		価値は，常に受益者によって独自的にまた現象学的に決定される。	価値は恣意的で，経験的，文脈的であり，意味を帯びている。

（出所）Vargo and Lusch（2008）。

価値を創造し提供し，顧客は受動的であるという考えに立つ。これに対してS-Dロジックでは，「顧客は常に価値の共創者」（FP 6）であり，「企業は価値を提供することはできず，価値の提案をするのみである」（FP 7）。これは，サービス交換のプロセスから明らかなように価値創造はインタラクティブ（FP 6 解説）であり，インタラクティブであるがゆえに「企業は価値創造に適用されるリソースを提供したり，価値提供の受諾後に協働的（インタラクティブ）に価値を創造することができる」（FP 7 解説）のみで，伝統的なマーケティングのように「単独で価値を創り出したり提供することはできない」（FP 7 解説）。

次に価値についてであるが，このような価値創造プロセスでは，サービス交換によって創出される価値は顧客が判断する。なぜなら，「顧客が決める顧客のベネフィットという点からサービスは定義され協働される」（FP 8 解説）からだ。そのため，「サービス中心的な視点は顧客志向であり，リレーショナルである」（FP 8）。

価値は顧客が判断する，つまり「価値は，常に受益者によって独自的にまた現象学的に決定される」（FP10）。ゆえにその「価値は恣意的で，経験的，文脈的であり，意味」（FP10解説）的な特徴をもつ。

以上のように，リレーションシップ・マーケティングは，対象をサービスに限定したうえで価値共創のマーケティングを明らかにしたのに対し，S-Dロジックは，その範囲をモノにまで広げて価値共創に基づいたマーケティングを提言したといえる。

V．脱コモディティ戦略の評価

Ⅲ節とⅣ節において，モノとサービスに関する脱コモディティ化を目指した理論のレビューを行った。本節では，そのレビューに対し，価値と顧客・企業の役割，理論の目指す点に関して評価していく（図表 2-6）。

図表 2-6　脱コモディティ化戦略理論の比較

理論	価値	価値創造の主体	企業の役割	理論の焦点
意味的価値	意味的価値	顧客	提案	新市場創造
カテゴリー・イノベーション	属性価値 使用文脈での価値	企業 顧客	創出 −	価値次元の可視性による差別化
経験経済	経験価値 変身価値	顧客	演出 誘導	顧客の真の未来の創造
コンテクストデザイン	商品・サービスに内在する価値	企業	コンテクストづくり	価値発現
リレーションシップ・マーケティング	関係によって生じる価値	企業と顧客	価値の共同生産者	プロセス・マネジメント（インタラクション重視）
S-Dロジック	使用価値	顧客（価値判断の主体）	価値の提案	サービスの交換プロセス

（出所）筆者作成。

1．主観的価値の創造

　意味的価値は，企業の視点から商品の機能的価値の限界を指摘し意味的価値の重要性を主張する。意味的価値は顧客が主観的に評価・創出する価値であるが，それを提案するのは企業である。意味的価値に基づいた戦略の焦点は，商品である。ただし，顧客ニーズに対応するのではなく，新たな市場もしくは顧客価値を創出する商品戦略である。つまり，顧客が主観的に評価・創出する価値基準で定義される新市場の創出を狙うのである。

　マーケティングにおいて，企業が提供する機能的価値よりも意味的価値つまり顧客が主観的に判断する価値が重要であるとの重要性を指摘した点は大きい。

2．主観的価値と差別化

　イノベーションの4類型における購買決定のカギとなる価値次元の可視性に

は，競争の視点つまり，競合他社への差別化という視点がこの基準には見てとれる。

また，購買決定のカギとなる価値次元の所在であるが，価値がどこに存在するのか。1つは製品の属性であり，価値は企業が創出する。もう1つは顧客の使用文脈に存在する。この場合の価値は，顧客が主観的に創出すると考えられる。

その根拠は，**図表2-6**に示したように，属性に価値が存在するというのは，延岡（2006）の言う機能的価値であり，使用文脈に価値が存在するというのは意味的価値に該当すると考えられるからである。

このような関係から，競争の視点をもつ「価値次元の所在と可視性」の論理的枠組みは，「機能的価値と意味的価値」の理論を内包すると考えてよいだろう。

3．主観的価値と誘導

経験経済は，経験の演出，さらには変身の誘導による差別化の重要性を主張する。経済が発展するとともに，経済的価値は，「コモディティ」から「商品」，「サービス」，「経験」，さらには「変身」へと進化する。成熟市場では商品やサービスまでもがコモディティ化している。そのために，差別化の方法として商品の使用・消費に関する経験の演出が重要になってくる。さらに，経験を通して，顧客が望む自分へと変身することを実現することに経済的価値が生じる。

経験は，顧客を魅了し，サービスを思い出に残る出来事に変える。ゆえに，経験の演出は企業であるが，その経験の価値は顧客が判断する。自身の変身願望を実現できたと実感できるのは顧客自身なので，変身の価値も顧客が判断する。企業は，経験に関しては演出を，変身に関しては誘導をするのみである。

4．価値の新たな提供方法

　コンテンツを変化させる・させないにかかわらずそれを包含するコンテクストを創造することでコンテンツに内在する価値を発現させるという，コンテクストデザイン戦略の特徴はどのようなものだろうか。

　まず，価値創造について考察してみよう。価値はコンテンツ（商品・サービス）に内在すると仮定している。その根拠は，コンテンツが潜在的・顕在的価値の源泉であり，コンテクストという装置によってコンテンツの価値が発現もしくは増大すると述べている点である。

　価値創造の主役は，サプライサイドの企業である。それは，コンテクストデザイン戦略がビジネスモデルを基に導出されている点から明白である。したがって，企業と顧客の関係であるが，それは，コンテクストデザイン戦略がコンテンツを包み込むコンテクストを創出することで，コンテンツの潜在的・顕在的価値の出現もしくは増大を狙うという構造のもとでは，顧客は企業が創出する価値の提供対象となる。

　脱コモディティ化のためにコンテクストの重要性を主張するが，それはサプライサイドが提供するコンテンツを中心にしたコンテクストであり，顧客の主体性は想定されていない。

5．プロセスに基づく価値創造

　ノルディック学派がサービスをプロセスと捉え，その中で繰り広げられるインタラクションに焦点を当てたことの意味は何であろうか。それは，交換価値から使用価値への転換である[10]。マネジリアル・マーケティングでは，価値は企業によって創造され製品に組み込まれて顧客に提供される。つまり，顧客への価値は事前に創り出された（交換に値する）価値という考え方に基づいている。これに対し，プロセス内のインタラクションに焦点を当てると，顧客にとっての価値は，サービス提供者と顧客との関係性の中で，もしくは両者のイ

ンタラクションの中で創造されることになる。したがって，顧客にとっての価値は，製品やサービスを使用・消費するとき顧客によって創造されたり，サービス提供者と顧客の協働によって創造される。ゆえに，顧客への価値は value in use, 使用価値ということになる。

この理論において，顧客は価値の共同生産者であるが，もう一歩踏み込んでみると，ニーズを満たし問題を解決する有益なソリューションを企業がつくり上げることが一緒にできるような資源として，企業は顧客を捉えている[11]。

6．価値創造をめぐる顧客と企業の役割の変化

S-Dロジックにおける価値と顧客や企業の役割等をここで見てみよう。サービスのリレーションシップ・マーケティングと同様にプロセス視点のS-Dロジックでは，価値を判断するのは顧客である。それは，使用価値という用語に象徴される。製品やサービスの使用時に，価値は顧客によって判断される。それは，S-Dロジックの前提条件の解説（FP8）からも分かるように，顧客が決める顧客のベネフィットという点からサービスが定義され協働されるからだ。

使用価値の判断者が顧客であるため，顧客は常に価値の共創者であるとはいうものの，企業はインタラクティブなプロセスにおいて価値の提案をするのみで，価値を提供することはできない。このような条件のもとでは，企業は顧客に選ばれて初めて価値提案を行うことが求められる。つまり，S-Dロジックは，差別化のためのサービスの交換プロセスのマネジメントが求められる。

7．脱コモディティ化戦略に求められる新たな顧客像

6つの研究レビューから，顧客が主体的に決める価値がキーワードであることが明らかになった。それを顧客価値というなら，顧客価値は可視性の低い価値次元を有し，ゆえに独自の新市場が創造可能となる。その新市場では顧客の真の未来が創造されているであろう。そのような顧客価値を創造するには，顧

客とのインタラクションによる価値提案のプロセス・マネジメントが不可欠である。

　成長市場では市場規模が拡大しているので，マネジリアル・マーケティングによる新規顧客の獲得が重視された。しかし，成熟市場で求められる脱コモディティ化戦略の目標は，新市場の創造である。そのために，プロセス視点が重要になる。

　たとえば，購買や使用，消費という，マネジリアル・マーケティングでいうニーズ対応のための行為をプロセス視点で考えてみよう。購買は購買プロセス（購買の仕方；買い方），使用は使用プロセス（使用の仕方；使い方），消費は消費プロセス（消費の仕方）になるが，そこにはどんな体験をするか，どんな感情を抱くかというような，体験や感情が見えてくる。プロセス中の体験や感情によって顧客は変化する。たとえば，いったん満足しても，それが基準になってさらなる高い満足を求めることもある。つまり，顧客をプロセスの中の顧客として考えると，顧客は「固定的な存在」ではなく，「変化する状態」としてみることになる。顧客は自身の価値判断によってさらに変化していく。

　また，変化していく顧客の行く先はどこなのか，顧客との価値共創プロセスのゴールは何であるかを考えると，何のために使用もしくは消費するのかに関して，単にニーズを満たすためではなく，ニーズを満たしたその先にある顧客のもっと大きな目的，つまり顧客のなりたい状態を目指すプロセスもあるということが分かる。このもっと大きな顧客の目的を目指すことで，顧客は真の体験価値や感情価値を創造するのではないだろうか。

　Levitt（1969）は，1/4インチ・ドリルが売れるのは，顧客が1/4インチ・ドリルが欲しいのではなく，1/4インチの穴をあけるという目的を達成したいからだということを言っているが，現実的にはそれで終わりではない。たとえば，家具を作るのに1/4インチの穴が必要だとしたら，単に家具を作ればいいということではない。その家具を設置する部屋のコンセプトやそこに住む家族のライフスタイルといったものを考えなければならない。つまり，顧客を製品・サービスの機能で対応できるようなニーズをもった顧客とみなすことはできな

い。

上記2つの新たな顧客の特徴と価値創造プロセスの目標を考えると，成熟市場において新市場の創造を目指すには，顧客を特定ニーズをもった「存在」としてみるのではなく，顧客をなりたい状態を目指して変化する「状態」として見なければならない。

VI. 新たな顧客像へ向けて

本章では，成熟市場における脱コモディティ化戦略に関する研究をレビュー検討してきた。

マネジリアル・マーケティングは，セグメンテーション・ターゲティング・ポジショニングに基づいてマーケティング・ミックスを展開する。そこでは，同質的なニーズをもった顧客たちの絞り込みを行う。そのターゲットに対して企業は価値を提供する。この論理には，顧客は特定ニーズをもっているという前提がある。

それに対し，これまでレビューで明らかになった顧客像は，「顧客が価値を決める」という新たな顧客像である。にもかかわらず，これまでのレビューではその新たな顧客像について既存研究では言及されていなかったことが明らかになった。成熟市場で新たな市場を創造し企業が成長していくためのより有効なプロセス・マネジメントのために顧客像を解明することは必要である。今後は，前節で示した新たな顧客像をより解明したうえで，新市場創造のプロセス・マネジメントを考える必要があるだろう。

●注
1 価値の安定性は，楠木（2010）では削除されている。
2 演出方法に関して，ドラマ上演のモデルや演劇の型，パフォーマンス・モデルが詳細に説明されている。
3 誘導の方法，つまり変身のフェーズとして，「希望の内容分析」と「経験のステージ」，

「事後のフォロースルー」が説明されている。
4　Grönroos（2007），邦訳，45頁。
5　Grönroos（2007），邦訳，45-46頁。
6　Grönroos（2007），邦訳，44頁。
7　この「専門化された能力」がオペラント資源であり，多くの場合，オペランド資源を活性化する能力を有する。一方，オペランド資源とは，モノや機械設備，原材料，貨幣などのように，効果を生み出すには操作が施される必要がある資源のことで，有形で，静的で，有限な資源である。
8　Vargo and Lusch（2006），p.43。
9　使用とは，供給者がオペラント資源を適用したものに，顧客がオペラント資源を適用しサービス供給がなされることを意味する（菊池，2012，p.76）。
10　Grönroos（2007），邦訳，23頁。
11　Grönroos（2007），邦訳，23-24頁。

第3章
コト・マーケティングの解明
―顧客体験を基にしたマーケティング

I.「こと」と「コト」

　第1章では，1970年代からの「モノからコトへ」の意味を考察し，70年代，80年代，90年代以降のそれぞれの時代に用いられた「コト」を明らかにした。コトはモノ（商品）と対比され，「ライフスタイル」であり，「記号」であり，「体験」であった。しかしこれでは，コトがモノとの対比で時代ごとに多義的に用いられるだけで，コトの本質を明らかにはしていない。本章では，コトとは何かを明らかにし，ひいてはコト・マーケティングとは何かを明らかにする。以下では，「こと」の定義や性質，事的世界観を踏まえたうえで，マーケティングで用いられる「コト」について考察していく。その後，十勝バスのケースをもとにコト・マーケティングの特徴や定義を明らかにする。

II.「こと」とは何か

　和辻（1935）によると，「こと」とは『「もの」の動作や状態としてあること』を示す。たとえば，「動くこと」とは，『（何か）「もの」が「動く」という動作としてあること』である。「静かなこと」とは，『（何か）「もの」が「静か」という状態（静かな状態）としてあること』である。このように，「こと」は「もの」の動詞や形容詞と結合してしか存在しえない。「こと」は「もの」と切り離せない関係にある。
　このような「もの」と「こと」の関係を，マーケティングではどのように考

えたらいいのだろうか。第1章の「モノからコトへ」では，モノは商品であり，コトはライフスタイルや記号，体験であることが明らかになったが，コトを重視するマーケティング活動では共通して「顧客の状態」が焦点となっていたといえる。なぜならば，和辻（1935）のいう「こと」の定義「ものの動作や状態としてあること」と照らし合わせると，コトが「顧客の何らかの状態としてあること」と捉えられるからである。70年代のライフスタイル・マーケティングでは，「顧客の価値観に基づいた生活状態」の創造がカギとなった。生活者は物質的な豊かさよりもライフスタイルを追求し，企業はその提案を行った。80年代の記号消費では，顧客は「他との差異という状態」を求めて商品の背景にある記号の意味を解釈し続けた。90年代以降のこだわり消費では「思い出に残るような五感を通した感覚的な体験状態」をもたらす消費の形が重視されるようになった。

これらのことからマーケティングにおけるコトとは，「顧客が体験状態としてあること」であるといえる。

コトが何であるか明らかになったが，以下では日本思想における「こと」に関するレビューを行い，コト・マーケティングの基礎を明確にする。

III.「こと」の性質

木村（1982）は，「もの」と対比して「こと」の性質について述べている。結論から言うと，両者の違いは，「もの」の相互排除性と「こと」の同時進行性であり，「主観にとっての「こと」」が重要である。

「もの」は物理的な存在だけではなく，心理的・精神的な存在でもある。われわれの外的な空間や内的な空間を占めている。外部的な「もの」が存在するためには，一定の空間的な容積が必要であり，それゆえに「もの」と「もの」とは空間的に相互排除的である。つまり，2つの「もの」が同時に同じ空間を占めるということはありえない。その相互排除性は，内的な「もの」でも同じである。

それに対して「こと」は，すべて同時に進行する（同時進行性）。無数の事件やさまざまな変化が同じ時間に生じている。その中で「私が主観としてそこに立ち会っている」場合にのみ，「こと」が私にとっての「こと」として成立する[1]。たとえば，私が存在するということ，机の前に座っているということ，音楽を聴いているということ，論文について考えていること，それを文章にしてパソコンで打ち込んでいること，これらすべての「こと」は同時に進行している。これらすべての「こと」は，なんら相互に排除し合うことなく，私が今現在ここにあるということの中に融合して同時に成立している。

　もちろん，この同じ瞬間に私の知らないところで無数の「こと」が生じている。どこかで誰かが生まれているだろうし，誰かが亡くなっているだろう。しかしそれらは，私がそれに気づき，意識的に私の存在に組み込まれなければ，私にとっての「こと」とはならない。「こと」が「こと」として成立するためには，私が主観としてそこに立ち会っているということが必要である。

IV．事的世界観

　事的世界観については，青木（1985）が事的世界観に基づいて80年代の意味消費を説明した（第1章）が，ここではもう少し詳細に見てみよう。

　木村（1982）によって「主観にとっての『こと』」や「こと」が「こと」として成立するための「主観としての立ち合い」の重要性が明らかになったが，廣松（1982）によると主観の捉え方にも注意を払わなければならない。従来の認識論は，「主観-客観」の図式において論じられるが，廣松は認識の対象と主体とをそれぞれ二肢に分け，事的世界観を四肢的構造で説明している。つまり，事的世界観では「四肢的構造」で世界を認識するのである（**図表3-1**）。

　まず，認識対象についてであるが，われわれが何かを認識するとき，認識対象を「与件／それ以上のもの」として二肢構造的に捉え，与件をそれ以上のものとして認識する。たとえば，われわれはコップを認識する場合，目の前にある物質（与件）を目の前にある物質（与件）以上のあるもの，つまりコップと

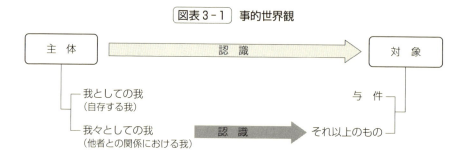

図表3-1 事的世界観

（出所）筆者作成。

して意味を読み取っている。われわれの目の前にあるものにコップという意味がついていなければ，われわれの目の前にあるものは漠然としたものでしかない。

　さらに，認識の主体についても「我々としての我／我としての我」という二肢的構造で捉える。先ほど「こと」の成立には「主観としての立ち合い」が必要と述べたが，その主観も実は自存するのではなく他者との関係において成立する。したがって，認識される意味は当該主体個人の主観ではなく，その主体の関係する他者との関係において構成される。

　したがって，四肢的構造の事的世界観では，認識主体は他者との関係において認識対象の意味を認識する。世界は意味を含んでしか成り立たず，それはこちら側の認識作用を含んでしか成り立たないし，またそのような認識作用をする個人というのも自存的なものではなく関係の結節である，といえる。事的世界観によると，私にとっての「こと」，つまり私が主観として立ち会っている「こと」は直示的に見えるが，実は「こと」がどのように成り立つかは主体のもつ関係によって決まるということになる。

　さて，青木（1985）はモノとモノとの関係において事的世界観を引き合いに出し，80年代の記号消費を説明している。青木（1985）の言う「商品は，他の商品との関係において1つの商品としての価値をもつ」とは，認識対象の関係性によってモノがそれ以上の意味をもつということになる。これは，モノの意

味の認識は認識主体の関係性に影響を受けるという廣松 (1982) の指摘とは異なる。たとえば，青木 (1985) がステレオと対比して価値をもつと指摘したウォークマンの事例は，廣松 (1982) の事的世界観に基づくと，屋外でも音楽を楽しみたいと思っている人たちに共感する個人が，屋外でも音楽を楽しめるという特別の意味をウォークマンに認識すると解釈すべきである[2]。

　百歩譲って青木 (1985) の主張を認めたとしても，本章のコトの定義からみるとこれはモノ（商品）中心の解釈であり，モノにモノ以上の意味を（「我としての我」の）企業が付与したとしても，顧客との関係において（つまり，「我々としての我」として）意味が付与されていなければ，その意味を顧客は認識してくれないであろう。つまり，企業側の一方的な意味付与という危険性がそこには含まれている。

　では，「コトとは顧客の体験状態である」というわれわれの提案するコトの定義による事的世界観はどのようになるのであろうか。まず認識主体は「顧客」である。認識対象は「顧客自身の体験状態」である。つまり，顧客は自身の他者との関係に基づいて，「顧客自身の体験状態」に意味を認識する。体験をしていてもそれに意味を認識しなければ，それはコトではない[3]。また，認識主体が「企業」である場合，この企業は自存的なものではなく，顧客との深い関わり合いをもっているというように「顧客との関係における企業」であるということが重要である。

　このようなコト的世界観をもとに，青木 (1985) のあげた3つの事例（ウォークマンと，朝食メニューコーナー，機動戦士ガンダムシリーズ）を捉え直してみよう。

　ウォークマンは顧客が新しい「音楽を楽しむ状態」を提供する道具である。朝食メニューコーナーは，朝食の品が揃えられて「買い物がしやすい状態」にしたコーナーである。機動戦士ガンダムシリーズは，まさにガンダム・ファンが「物語やパフォーマンスを楽しむ状態」を演出するためのセットである。いずれのコト事例においても，顧客層の1人である顧客が認識対象（ウォークマン，朝食メニューコーナー，機動戦士ガンダムシリーズ）から得られる体験状

態に意味を認識している。逆に，意味を認識しなければ顧客は認識主体にはならないし，企業側も新たな需要を創造できないのである。

V．コトと商品・サービスの関係

　コトを定義して，1970年代からの「モノからコトへ」を捉え直したが，モノを単に使用・消費することによってもわれわれは何らかの体験をする。これは，初めにモノがあってコトが提供されている。これだけなら，わざわざコトとして取り上げる必要はない。ファンが機動戦士ガンダムの物語やパフォーマンスを楽しむために一連のプラモデルのシリーズがつくられたという先ほどの事例は，「まずコトありき」の事例である。では，コトとモノ（商品・サービス）とはどのような関係にあるのだろうか。ここでは，コトとモノの関係を考察する。

　両者の関係は，助詞の「を」と「で」を用いて考えるとよい。最初に，「を」を用いてコトとモノの関係を見てみよう。たとえば，自転車「を」楽しむ。これも「楽しい状態」をつくり出すのだが，自転車に乗ることが目的になってしまい，自転車の機能から得られるベネフィットそのものが体験になり，モノ自体に体験価値を求めることになる。ゆえに，「コト・コンセプト＝モノ・コンセプト」になるため，コトの提案はモノの機能次第ということになる。つまり，モノ中心，機能中心の発想になってしまう。このようにモノでコトを考えると，「モノが提供できるコトとは何か？」，つまり，「モノの機能が提供する顧客状態とは何か？」ということを考えることになる。そのため，発想自体がモノに縛られてしまう「モノ起点のマーケティング論理」になってしまう。機能で顧客の状態（コト）を変えるためには相当の技術的イノベーションが求められる。しかも，それはいずれ競合他社の技術的キャッチアップによって価格競争になる可能性を伴う。

　次に，「で」を用いてコトとモノとの関係を見てみよう。自転車「で」楽しむ。これは，自転車で何か他のことを楽しむということであり，自転車に乗る

図表3-2 コトと製品・サービスの関係

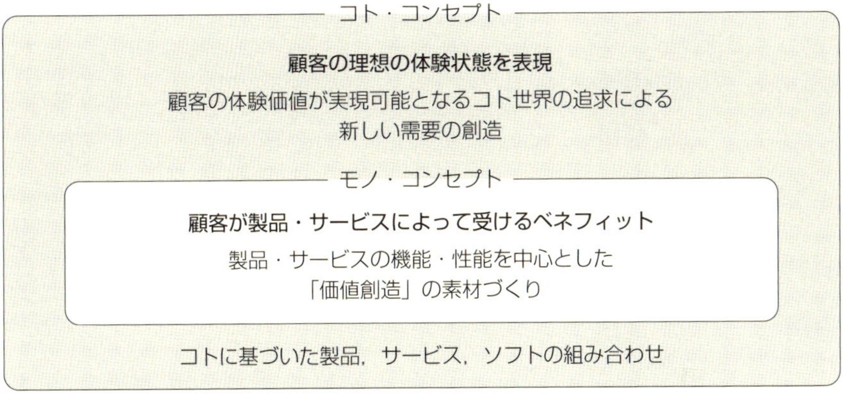

```
┌─────────────── コト・コンセプト ───────────────┐
│            顧客の理想の体験状態を表現            │
│   顧客の体験価値が実現可能となるコト世界の追求による   │
│              新しい需要の創造                  │
│   ┌─────────── モノ・コンセプト ───────────┐   │
│   │   顧客が製品・サービスによって受けるベネフィット   │   │
│   │       製品・サービスの機能・性能を中心とした       │   │
│   │            「価値創造」の素材づくり            │   │
│   └─────────────────────────────────┘   │
│     コトに基づいた製品，サービス，ソフトの組み合わせ     │
└─────────────────────────────────────┘
```

(出所) 筆者作成。

こととは別の目的を果たすために自転車に乗る。たとえば，車ではあまり入っていかない裏道を通ることでいつもとは違った何かに気づく。このお店のスイーツが美味しそうだから自転車から降りて食べてみよう，といった自転車に乗っていない時間も重要になってくる。このような自転車という道具を用いながら，自転車に乗ること自体「を」目的にするのではなく，自転車「で」何か他のことを楽しむ[4]という別の目的がコトであり，自転車はコトを実現するための1つの道具でしかなくなる。つまり，モノから得られる体験を超えた「顧客の理想の状態」がコトである。したがって「で」の世界では，モノ・コンセプトはコト・コンセプトを実現するためのパーツという存在になる（「コト・コンセプト＞モノ・コンセプト」）（図表3-2）。

モノ・コンセプトとコト・コンセプトの違いは，図表3-3を見るとより明確になる。上原（1999）によると，製品コンセプトとは「どんな問題を解決すべきか」ということを表現したものであり，その解決手段の形態をどうつくるかというのが製品アイデアである。製品コンセプトの重要性が主張される理由はそこにあるのだが，ではドリルであけた穴の目的は何か？　石鹸「を」使って清潔になる目的は何か？　化粧品「を」使って美しくなる目的は何か？　そ

こまで考えなければならない。花王のヘルシア緑茶の製品コンセプトは，体脂肪カットであるが，花王はそこで終わらなかった。ちょっと太めの中年男性に「健康」になってもらうために，体脂肪カットのヘルシア緑茶を出したのだ。健康になるために毎日同じ味のヘルシアを飲んでいると，たまには違う飲み物も飲みたくなる。毎日昼ごはん時に飲んでいたら，他の生活シーンでも飲みたくなる。そこで，ヘルシアのシリーズとしてウォーターやスパークリングに始まり，果てはコーヒーまで出してきた。健康になりたい顧客の生活プロセスの中でいつでも体脂肪カットの製品を飲用できるように製品展開をした。また，花王ヘルシアのホームページでは体重・体脂肪表をダウンロードできるようにして，やせる人をサポートしている。このような，「健康」というコト・コンセプトを実現するための手段として「体脂肪カット」というモノ・コンセプトが位置づけられる。

　図表3-3を右から見ると，コト・コンセプトを実現するための手段の1つとして製品コンセプトが存在する。花王は「健康」を実現するための手段として，「体脂肪カット」という製品コンセプトを活用して，製品アイデアとして一連のヘルシア製品群を顧客に提供してきたのである。

　したがって，製品機能でコト提案を行おうとしているケースや，コト・コンセプトを取ってつけたような製品の売り方をしているケースに違和感が生じるのは，製品コンセプトがコト・コンセプトに対し一貫性を有しないからである。

図表3-3　製品アイデアと製品コンセプト，コト・コンセプトの対比

製品アイデア	製品コンセプト	コト・コンセプト
解決手段の形態をどうつくるか	どんな問題を解決すべきか	顧客が実現したい体験状態（→驚きや歓びがある）
ヘルシア緑茶	体脂肪カット	健康
ドリル	穴をあける	穴をあける目的は？
石鹸	デオドラント	清潔になる目的は？
化粧品	美しくなる	美しくなる目的は？

（出所）上原（1999）をもとに筆者作成。

Kotler（1983）によれば，ニーズとは人間生活上必要なある充足状態が奪われている状態であり，製品はそのニーズを満たしうると考えられる何ものかである。つまり，モノ・コンセプトでは，何らかの欠乏状態（不満や不安）を解消するための機能をどう開発するかということが重要になる。

　ところが，「コト・コンセプト＞モノ・コンセプト」の世界では，モノに求められる機能も若干異なってくる。コト・コンセプトの追求は「モノの機能による顧客の悩みや不満の解消による顧客満足」よりも大きな満足の提供が可能となる。モノはコトの一部である。コトが顧客満足を提供する場合，その際使用されるモノがもたらす満足はコトがもたらす満足の一部でしかない。さらに，そのモノの機能もコト・コンセプト実現の役に立つ機能が一層求められる。

　したがって，コト・コンセプトは価値づくりのテーマであり，それは「マイナスからゼロへ」という不満や不安の解消も可能だが，コト・コンセプトは「ゼロからプラスへ」という顧客の願望実現をかなえることにより一層向いているといえよう。

　次節からは，事例をあげてコト・マーケティングとは何かということを説明していく。

Ⅵ．十勝バスのコト・マーケティング[5]

　十勝バスは帯広市で1926年に設立され，従業員270名，バス車輛数は130輛（2019年2月現在）あり，うち108輛が路線バスに使われている一般乗り合いバスで，地元では「黄色いバス」として親しまれている。事業エリアは北海道十勝管内（1市18町村）の1市14町村をカバーしている。

1．経営の危機

　路線バス事業は昭和40年代をピークに利用者の減少が続いていた。1969年（昭和44年）の2,300万人の利用者が2010年には402.1万人と，利用者が83％減少

した。もちろん，経営改善には取り組んできた。1990年から2010年にかけて，立て直しのための長期経営計画を立て続けに実行し，資産を売却したり，車輌更新を引き延ばしたり，人件費を削減してきた。この20年間で人件費を60%削減したが，営業収益も50%減少した。

会社存続の危機を強く意識することになったのは，2008年の原油高騰であった。これまでの経営合理化策でできることはほとんどやり尽くしていたため，残る策は収入を増やすことのみで，バス利用者を増やすしか手立てはなかった。急激な原油高騰で会社がつぶれるかもしれないという危機感をもつ幹部たちに，営業を強化するしかないという意識がようやく共有されるようになった[6]。

2．顧客に聴く

2008年にまず小さく取り組んだ。本社近くの1路線の1つの停留所「白樺通19条」から営業をスタートさせた。このバス停付近の半径200mにある住宅に，みんなで作成した「路線図」と「時刻表」をポスティングをして回った。ポスティングをしていると，家の前に人がいれば黙ってポスティングをするわけにもいかない。思い切ってあいさつをしてみる。そこから会話が始まる。会話の中で，便数が少ない，目的地までの路線がない，最終便の時間が早いという不便さの声も聞いたが，「バスの料金はいくら？」とか，「バスは前から乗るの，後ろから乗るの？」ということも尋ねられた。いろいろな質問に丁寧に社員は答えながら，ポスティングを続けた。翌日は，前日のポスティングでの会話が社内の会議でも話題になった。

このようなポスティングから始まった営業活動は，そのうち「なぜバスに乗らないのか」を探ることが大きな目的になった。上述のようにバスの不便さへの声が中心であったが，さらに探っていくと，「バスの乗り方が分からない」という声が聞こえてきた。訪問した社員がいろいろな声を聞いては，会社に戻って知らせ，翌朝の会議で解決策をみんなで話し合った。

そこで気づいたのが，バスを利用しないのは，バスが不便だからではなく，

バスが不安だからだということだった。不安解消策として，バスの乗り方と降り方を掲載した路線バスマップ「おびひろバスマップ」[7]を作成して配布した。その結果，「1人か2人なのだが，いままで素通りだったバス停にお客さんがいるようになった」という声を運転手から聞くようになった。

戸別訪問に慣れてくると，「1年に1度でいいからバスに乗ってみませんか」とか，「歩くことで健康にもつながり，世界的な問題にもなっている環境問題にも寄与します」など，バスに乗る行動を起こしてもらえるように，少しずつ提案するようになった。

新規客が見られるようになってから少し経つと，病院やスーパー，銀行など，お客の行きたい所への路線の問い合わせが多くなってきた。そこで，エリアを絞った「目的別時刻表」を作成した。住民の声をもとに，表面には自宅の前を走っているバス路線上にどんな病院や商業施設があるか分かるように路線図に沿ってイラストを書き，裏面には病院や商業施設ごとの時刻表を載せた。第1弾として，「通院・買い物編」を作成した。通勤・通学以外で昼間に行くところといえば，病院と買い物がほとんどを占めるからだ。目的別時刻表が出来上がると，ポスティングも一軒一軒のチャイムを鳴らして回る家庭訪問に変えていった。

この目的別時刻表の作成過程での気づきが，「バスは主役ではない。移動の手段である」ということだった。この気づきから生まれたのが，路線上にある各種の施設を主役にした「日帰り路線バスパック」[8]である。貸切バスと異なり路線バスは行きたい時間や帰りたい時間に合わせて移動することができる。その路線バス沿線の観光施設などの入場料とバス運賃を組み合わせ，割引価格で販売し好評を得た。バスと施設の強みを組み合わせた企画商品であるが，利用者数は販売を開始した2010年度の2,100名から2013年度の4,000名と，2倍弱の伸びを示している。

従業員のマナーやサービスの向上にも取り組んだ。運転士の「あいさつキャンペーン」を行うことを地元の新聞記者に話すと，写真入りで取り上げられた。あいさつや笑顔よりも安全運転が一番大事だとこのキャンペーンに同意しな

運転手もいたが，新聞を読んだお客さんから応援の声やお褒めの声を聞いて反発は徐々に薄れていった。自分たちの取り組みが注目され，良いこととして受け入れられ，自分たちがやっていることは間違っていないと感じられるようになっていた。さらに，従業員たちの間にも「自分たちはこの町で必要とされている」という自信も芽生え始めた。

3．さらなる絆づくり

　地元FM局で放送された高校生サミットでのバスの運賃は高いという声を受けて，「ワイドフリー定期券」制度を2011年度からスタートさせた。通学・通勤定期を持っていれば，土・日，祝日，年末年始はどこでも乗り降り自由という制度である。高校生は通学定期を持っているが，週末や祝日に部活などで通学以外の路線を利用しなければならないこともある。運賃をお小遣いから出すと昼食代を削らなければならない。そのような高校生の声から生まれた。当初，運賃収入減少を理由に反対もあったが，いろいろな路線を知ってもらうためのいい機会であり，未来の顧客創造になるということでスタートさせた。バス通学の高校生も社会人になると自家用車を利用するようになるのだが，この制度導入の数年後には通勤定期の利用者も増えてきた。

　もう1つ結果的に未来の顧客創りになっているのが，2007年から行っている市内の小学生向けにBDF（バイオディーゼル燃料）バス試乗会を兼ねた環境教室である。6年生のときに環境教室で学んだ子供たちが高校生になった年から，高校生のバス利用者数が増加した。

　このような手段としての路線バスの使い方を積極的に提案することで，潜在需要が掘り起こされ，利用者増に結びついていった。前年度対比で，2011年度は一般生活路線が0.5％増，路線バス全体では4.3％増になった。2012年度は一般生活路線が11.7％増（前々年度対比で，12.2％増），路線バス全体では12.4％増（前々年度対比で，16.5％増）になった。2011年度の実績は，40年ぶりの利用客増加であった。一連の努力と結果は，40年にわたる利用客の減少と大きな

合理化で自信喪失になっていた社員に自信を取り戻させ，社内の雰囲気が変わった。社員は各々が自ら動き始め，チームで連携し始めた。新たな取り組みの際も，「お客さまにとってどうなのか」ということを常に考えるようになった。

Ⅶ. 十勝バスのケースから分かるコト・マーケティングに必要な条件

　十勝バスのケースはコト・マーケティングに関して非常に示唆に富む。まず，コト・マーケティングには「顧客学習」が重要であるということだ。単純にバスの乗客数を増やすという課題を解決するために始めたポスティングであるが，その際に住民とあいさつや話をした。一連の営業活動で，バスを利用しない住民とも話をすることができたことは，十勝バスにとって幸いであった。なぜなら，バスの乗客減少という「問題」を解決するために，「バスに乗る」という体験をその「体験」を通して「住民がどう認識しているか」ということを，バスを利用していない住民からも知り得たからである。

　バスを利用している住民は，その体験から便数の少なさや目的地への路線がないこと，最終便の時間の早さなどを伝えた。このことは，住民はバスに乗ることは「不便」であると認識していると解釈できる。十勝バスもこれはある程度予想できたはずだ。

　しかし，バスを利用していない住民のバスに対する認識は違った。バスをまったく利用していないという体験ゆえに（ということを住民は意識していたわけではないが），乗り降りの仕方や料金さえも知らないということを伝えた。そこから，バスを利用していないという「顧客の行動の根源」に関するインサイトを得ることができた。「知らないから，今さらバスに乗るのは不安だ」と住民は認識しているということを発見したのだ。つまり，「不安」という住民のネガティブなコトに気づいたのである。十勝バスは，インサイトにより企業側の常識と顧客体験の常識のギャップを初めて認識した。知らないから不安だ。不安だから乗らない。この「不」の連鎖を断ち切るために，「おびひろバス

マップ」を作成し，バスの乗り方・降り方や運賃を記載した時刻表を作成し配布した。

　住民は単に利用していないからバスのことをよく知らないということを伝えただけであろう。しかし，一連の会話から十勝バスは「乗客数減少」という問題を，その中心にある「バス利用」を「住民がその体験からどう認識しているか」という視点で，当初意識的にではなかったにしても結果的に捉え直した。それがきっかけになり，バスを利用していない住民の「不安」という状態の解決に動き出せたのである。

　顧客学習はさらに続く。新規乗客が見られるようになって，病院やスーパー，銀行など行きたい所への路線の問い合わせが多くなった。戸別訪問の営業活動以外に顧客との接点が増えたことになる。そこで，「目的別時刻表」を作成した。この時刻表の作成過程で気づいたのが，「バスは主役ではない。移動の手段である」ということだ。つまり，Ⅴ節で説明した「を」と「で」の「で」に気づいたのである。バス「で」何か他の目的を果たすことがバス利用者にとって重要だということに気づいた。（ポジティブな）コト・テーマを考える転機になった。だから，後に各種の「日帰り路線バスパック」が生まれたのである。

　「ワイドフリー定期制度」も，「で」の視点からみれば決して奇をてらった制度を導入したわけではないということが分かる。バス「で」他の目的を果たすために，通勤・通学定期券で利用するいつもの路線以外を利用してもらおう。そうすれば他の路線も知ってもらえ，さらなる利用につながっていくということだ。また，BDFバスの環境教室は，未来の乗客があえてバス「で」他の目的を果たそうとなるように動機づけを行ったといえる。

　顧客接点という意味では，利用者と接するバスの運転手も重要な存在である。その運転手が笑顔であいさつし誇りをもってバスを運転するようになれば，十勝バスへの利用者の親近感は向上する。

　戸別訪問の営業活動から始まり，問い合わせへの対応，バス運行など，十勝バスは住民と接するプロセスを複数もった。そして，各プロセスは，お客さまとの多数のインタラクションから構成される。十勝バスは，そのインタラク

ションからの気づきを基に，さまざまな顧客視点のサービス・メニューを提案していった。

　他方，住民たちは十勝バスをどのように認識していたのだろうか。まず，十勝バスを利用している住民たちについてである。住民たちは生活の中で十勝バス「で」生活を楽しもうとは思っていない。十勝バスを手段として利用しているだけだ。十勝バスの利用者は，十勝バスの利用体験を重ねていく。長年の利用体験を通して，具体的には便数の少なさや最終便の時間の早さなどを経験して，バスは「不便である」ということを認識してきた。そして，なかには十勝バスを利用しなくなった住民もいただろう。また，十勝バスを利用していない住民は，移動手段としてバス以外の利用体験を重ねていく。その未利用体験の積み重ねがバスへの「不安」という認識を生み出した。

　このような現状に対して，十勝バスの「おびひろバスマップ」や「目的別時刻表」などの取り組みは，「バスは不安だから利用しない」という住民の考え方（生活思想）を徐々に変えさせる方向に向かった。「おびひろバスマップ」で不安が取り払われ，さまざまな目的別の提案メニューによっていろいろな「十勝バスの便利さ」という体験を重ねていくことになる。つまり，住民たちは十勝バスを，「不便・不安」な手段として見ていたが，いつの間にか「安心・便利」な手段と認識するようになった。こうなると，十勝バスの路線バスは「安心・便利」というポジティブなコトを提供する事業になってくる。

VIII. コト・マーケティング

　コトは顧客の体験状態であると先に定義したが，この体験を重ねていくプロセスを「コト・プロセス」と名づけよう。コト・マーケティングは，顧客学習を通して，何らかの気づきが必要である。「を」と「で」を使い分け，自社の製品やサービスが顧客の何らかの目的を達成するための手段でしかないということをまず認識する。何らかの目的を達成している状態がコトなのだから，そのコトを提案し実現していく活動が，コト・マーケティングである。なぜ提案

なのかというと，顧客が体験の積み重ねを通してコトの価値を認識するからだ。体験をベースに価値を考えるのだから，その価値は体験者である顧客が決めることになる。また，十勝バスが「安心・便利」というコト価値をさまざまなメニューによって提案したように，提案を展開させるという一連の活動が求められる。また，同じテーマの提案でもその内容を深めていくことが求められる。なぜなら，顧客は体験を重ねることでその期待水準を高めるからである。この一連の活動の展開によって顧客はコト価値の手段である製品やサービス，ひいては企業に期待を寄せることになる。そのためには，コト・プロセスにおいて，顧客と絆をつくりお役立ちのために関わっていくことが必要になる。

コト・プロセスの中にもさまざまなインタラクションが存在する。このように考えると，売買関係もインタラクションの一種であり，さまざまなインタラクションの中での一部にすぎない。また，十勝バスのケースのようにコト・プロセスにおいて顧客の生活思想を変えることができるような提案ができたなら，顧客の生活習慣は変わる。

したがって，コト・マーケティングは，「顧客が望むであろう体験状態に気づき，それを提案し，展開させるために，コト・プロセスの中で顧客と関わっていく活動である」と定義される。

コト・マーケティングとマネジリアル・マーケティングの対比をしたのが図

図表3-4　コト・マーケティングの特徴

マネジリアル・マーケティング		コト・マーケティング
交換価値	価　値	使用価値・体験価値（＝コト価値）
企業	価値創造の主役	顧客
交換に値するものは何か	価値の特徴	価値は顧客が決める ⇒生活の「プロセス」がカギ
STP-4Pミックス	マーケティング	顧客との関わり合いの中で価値提案を行う（コト・プロセス創造／生活の質向上）

（出所）筆者作成。

表3-4である。従来のマーケティングでは，カギとなる価値は交換価値である。企業が価値物を製造しそれを対価と交換する。したがって，顧客から見ても交換に値するものは何かを価値創造の主役である企業は意識せざるを得ない。

これに対し，コト・マーケティングでは，顧客の体験状態を基にマーケティングを行う。価値は体験を通して体験者である顧客に認識される。したがって価値は体験価値であり，価値創造の主役は顧客であり，価値は顧客が決める。それは，生活の中での体験を重ねていくプロセス（コト・プロセス）の中で顧客が認識する。それゆえに，マーケティングとは，顧客との関わり合いの中で価値提案を行う活動ということになる。

IX．コト・プロセスの重要性

本章において，コトとは「顧客の体験状態」であり，顧客が体験を重ねていくプロセスを「コト・プロセス」，コト・マーケティングを「顧客が望むであろう体験状態に気づき，それを提案し，展開させるために，コト・プロセスのなかで顧客と関わっていく活動である」と定義づけた。

顧客は製品やサービスを利用することで，何らかの体験をし，体験を通して何かを認識する。その体験と認識の積み重ねのプロセスが「コト・プロセス」である。顧客はコト・プロセスを通して，対象の製品やサービスの価値を判断する。したがって，企業は顧客学習によって，自社のテーマについて顧客が体験からどう認識しているかを知る必要がある。それによって顧客の行動の根源を知ることになる。このようなしてインサイトを導き出すことができてはじめて，自社の製品やサービスを手段としたコトの提案が可能になるのである。

また，コト・マーケティングはプロセス視点を有するので，顧客との長期的な関係の中で，さまざまなコト価値提案を行うことも可能になる。

●注

1 主観の立会いの有無は表現の違いに現れると木村敏（1982）は説明する。たとえば，「木から落ちるリンゴ」という名詞的な言い方は，それを見ている人は自分がそこに立ち会っているという事実を消去している。それに対して「リンゴが木から落ちる」という言い方は，木から落ちるリンゴとそれを見て「リンゴが木から落ちる」ことを経験している主観の両方を含んでいる。
2 ちなみに，後述する十勝バスのケースを事的世界観で説明すると，①バスを利用する十勝バスと関係のある住民が，バス利用を不便と認識しているとか，②利用しないので十勝バスと間接的な関係の住民がバス利用を不安なものとして認識している，ということになる。これらの事例に基づくと，「我々としての我」は，当事者の「人間関係を含めた生活環境における我」ということになる。
3 認識レベル：（高）意識的に意味を認識する ⇔（低）無意識的に意味を認識する。前者が重要。
4 LIFE CREATION SPACE OVE（編）（2014）『散走読本』9頁，木楽舎。
5 北海道開発協会（2015），長沢敏彦（2015），吉田理宏（2013）をもとに作成した。
6 社長の野村文吾は1998年に十勝バスに入社し，経営企画本部長を務めた後，2003年に社長に就任した。入社当時から積極的な営業展開の必要性を感じ社内で提案していたが，具体的な取り組みには結びついていなかった。
7 8万部作成して全世帯に配布した。
8 目的別提案は，「まちなか食遊日帰り路線バス」「『ご当地グルメ』バスパック」「ビヤガーデン＆バスパック」など，さまざまな提案を行ってきている。

第4章

コトの多義性を整理する

I. 多義的なコト

　ビジネス関係の新聞や雑誌で,「コト消費」や「コト提案」などコトという言葉を目にする。しかし,その意味は多義的である。そこで本章では,コトがどのように用いられているかを調べ,整理分類したうえでコト・マーケティングとは何を明らかにしていく。まず,2010年と2017年の新聞記事をもとにコトの実務的意味を考察する。次に第3章で明らかになったコトの定義をもとに,コト・マーケティングでの顧客の捉え方を示し,従来のマーケティングとの対比からコト・マーケティングを明らかにする。

II. コトの辞書的意味

　マーケティングにおいてモノとコトは対になって用いられることが多い。以下では,広辞苑に基づいて,ものとことの意味をまず調べてみる。
　ものとは,「形のある物体をはじめとして,存在の感知できる対象。また,対象を特定の言葉で指し示さず漠然と捉えて表現するのにも用いる。①物体。物品。②仏・神・鬼・魂など,霊妙な作用をもたらす存在。妖怪。邪神。物のけ。③物事。④世間で知られている内容。世間一般の事柄。普通の物。⑤取り立てて言うべきほどのこと。物の数。⑥動作・作用・心情の対象となる事柄。⑦それと言いにくいことを漠然と示す語」とある。
　また,こととは,「意識・思考の対象のうち,具象的・空間的でなく,抽象

的に考えられるもの。「もの」に対する」と書かれている。具体的には，「①世に現れる現象。⑦できごと。事件。④大事。変事。⑤情事。様子。事態。⑤理由。縁。⑥わざ。しわざ。業務。⑤折々の行事。③僧侶の夜食。②言ったり考えたり行ったりする中身。⑦思考・表現の内容。④意味する実態」などと記されている[1]。

　この2つの辞書的な意味から，マーケティングでいわれるモノは，物体や物品ということで，製品を意味するといっても異論はないだろう。コトとは何だろうか。出来事，つまりイベントであろうか。ビジネス関係の雑誌や新聞で，「モノからコトへ」という記事を見ることもある。それは，「製品からイベントへ」という意味ではない。どうもコトはイベントよりも広い意味で使われているようである。

　次節では，過去1年間に日経テレコン21において記されたコトを考察・分類し，実務におけるコトの意味を明らかにする。

III. 実務でのコトの用いられ方

　日経テレコン21で過去1年間（2010年9月8日〜2011年9月5日）の記事の中で「コト」をキーワードにして検索した。その結果，30件がヒットした。新聞別では，日経MJ（流通新聞）が15件，日本経済新聞が11件，日本産業新聞が4件であった。以下ではその30件について，「コト」がどのように使われているかを示す。ただし，1件につき複数の提示もある。

- リプロモは商品の機能性価値を追求するだけでなく，「モノ」を通して楽しめる「コト」軸の価値を重視する。(日経MJ①)
- パンが身近にある生活シーンや，パンの楽しみ方を提案する「コト消費」の側面から攻めることにした。(日経MJ②)
- 今後の百貨店は単なる「モノ」としての商品を売るだけでなく，サービスや接客といった「コト」をどれだけ商品として提案していけるかが，

従来以上にカギになってくるのではないだろうか。（日経 MJ ③）
- 「モノ」を売る百貨店が「コト」を提案するサービスといかに協力し「モノ・コト」を結び付けていけるかどうかが，今後の大きなカギとなる。（日経 MJ ③）
- それはモノだけでなく，ヒト（人間関係）やコトを取捨選択する力にもつながっている。（日経 MJ ④）
- モノを売るだけでなく，イベントなどを通じて楽しさ，感動といった『コト』も提供する。（日本経済新聞①）
- 最近の消費者は「モノ消費」よりも「コト消費」を好むといわれる。（日経 MJ ⑤）
- モノからコトへ，という消費者の意識の変化を受け，デザインの領域も広がりを見せている。（日経 MJ ⑥）
- 実演以外にも「モノよりコト（サービス）で商品分類して棚をみせていく」と千野和利社長。（日経 MJ ⑦）
- 体験型ギフトとは「モノ」ではなく「コト」を贈るというコンセプトのギフトカタログだ。（日経 MJ ⑧）
- 新しい価値とはつまりモノを媒介とするコトづくり，関係の構築である。（日本経済新聞②）
- モノを組み込んだコトづくりで，……（日本経済新聞②）
- 感性に訴えるモノづくりとコトづくりを推進し，顧客それぞれのベターライフ・ウィズ・ミュージックを実現していこう。（日本経済新聞③）
- 納得感の高いコト・モノへの投資は惜しまない。（日経 MJ ⑨）
- ユニークなコトづくりにはユニークなモノづくりが不可欠である。（日本経済新聞④）
- モノを単なるモノとしてではなく，関係性という文脈でそのモノを捉え，それ自体の意味や価値としてのコトを問うことが必要なのだ。（日本経済新聞④）
- そのモノにどのようなユニークなコトを乗せるかを考え始めない限り，

……（日本経済新聞④）
- 日本市場だけを見てコトづくりやモノづくりを行い，……（日本経済新聞④）
- 「小口荷物でもすぐに確実に届けてくれる」というコトに対する顧客のニーズと……（日本経済新聞⑤）
- コトを言葉や物語にし，さらにモノへと結実していく能力が実践知のリーダーには必要なのである。（日本経済新聞⑤）
- サービス名は「モノ・コト尺度API」。特定のテーマに対する関心を調査・分類する独自手法を基に開発した。（日本経済新聞⑥）
- 日本の歴史は東アジアの風土・社会・制度・経済・文化の影響と無縁ではいられない地政的立地をもってきた。そこには植相，人口密度，食べもの，肌の色，住まいや建具，漢字文化，交易事情，美術様式など，多くのコトやモノが一衣帯水となっていた。（日本経済新聞⑦）
- 「豊かな暮らし」をコンセプトに，従来の「モノ＝商品」だけでなく，料理教室や美容サービスなど，ここでしかできない「コト＝体験」を掲げて再出発。（日経MJ⑩）
- 消費不振が続くなか，体験型の『コト』消費も積極的に取り込む考えだ。（日本経済新聞⑧）
- 「モノからコトへ」と言われながら，そこでの需要掘り起こしが不十分だ。（日経MJ⑪）
- つまり「何がしたいか，どうしたいか」という「モノよりコト」の発想である。（日経産業新聞①）
- 価格競争と一線を画すために，近藤社長はモノだけでなくコトで勝負する」と強調する。サービス主体のビジネスモデルの主戦場は研究所や工場ではなく，顧客のオフィスだ。そこにいかに長く滞在し，ソリューション（解）を発見できるかが勝負になる。（日本経済新聞⑨）
- ネーミングの定義は難しい。「モノ」や「コト」の名前のことをネーミングと呼ぶのなら，こうしたキャンペーンはコトだから，その名前を

ネーミングと呼んでも差し支えあるまい。(日経産業新聞②)
- 「『モノ』をデザインするのではなく，『コト』を形にしていきたい」と意欲的だ。(日経MJ⑫)
- 式がパッケージ化されてしまい，やりたいスタイルが見つからないからと，自分たちが価値を感じるコトやモノにお金をシフトする傾向にあるようだ。(日経MJ⑬)
- 「フェリューア」のヒットの裏には「コト・モノ」プロジェクトの存在もある。(日経MJ⑭)
- 「日本人女性は成熟化してモノ（商品）だけでは響かなくなっている。旅行などのレジャーやエンターテインメントといった"コト"と連動させて関心を高める」と寺田社長は話す。(日経MJ⑭)
- 「コト・マーケティング」という言葉をよく耳にするようになった。商品の「モノ」としての機能的な価値をアピールするのではなく，モノを通じて楽しめる「コト」を重視するという考え方だ。(日経産業新聞③)
- 「モノで売っている限りは需要拡大に限界があるが，コトとして売れたなら需要は無限」と強調する。(日経産業新聞③)
- 建材や内装材というモノを売っているだけなら，需要拡大には限界がある。そこでセミナーで考えたのが「犬との幸せな生活」（コト）を売ろうというものだった。(日経産業新聞③)
- コト・マーケティングで成功している企業もある。例えば，フケ・かゆみをとる成分，ジンクピリチオンというモノの価値で売っていた旧「メリット」を，01年に弱酸性の「新・家族シャンプー」として刷新し，家族のあたたかさというコトとして売ってヒットさせた花王がそうだ。明治製菓（現・明治）も女子学生の間でチョコレートを贈りあう「友チョコ現象」に着目，友情や手作りというコトとしてチョコを売って成功した。(日経産業新聞③)
- 5月4日に大阪・梅田で開業した同百貨店について，「モノを売るだけでの場所ではなく，コトをお渡しする場所」と話し，さまざまな楽しみ

方を提案できる商業施設を目指す考えを示した。(日本経済新聞⑩)
- 「MD（商品政策）というと，瞬間的な店頭での品ぞろえを議論しています。そうではなくて，お客様との関係をどう作るかが大事なのです。商品という『モノ』を提案するだけでなく，どういう気持ちで，どういう場面で消費するのかという『コト』を合わせた提案が必要です」(日経MJ⑮)
- 「例えば『スーパードライ』は，昨年から氷点下で飲むことを提案し，銀座に『エクストラコールドバー』を設けたのがとても大きかったです。『飲み方』というコトの提案は，実感ができる場が必要だからです」(日経MJ⑮)
- 断捨離の際，筆者はモノやコト（生活習慣など）を「不要（廃止）」か「現行通り」の二択にした。(日本経済新聞⑪)
- N-01Aの発売当時，メディアは複数まとめたとしても情報を得る手段に止まっていたが，今は「モノやコト，気持ちや人と人とをつなぐものへと深化した」(同グループの塩坂純代主任) からだ。(日経産業新聞④)

　これらの事例からまず分かることは，モノとコトが対になって用いられている事例を見ると，モノとコトが「モノと非モノ」という意味で使われていることである。モノからコトへ，(日経MJ⑥⑪)や，「モノ消費」よりも「コト消費」(日経MJ⑤)，モノづくりとコトづくり(日本経済新聞③)，コト・モノへの投資(日経MJ⑨)，などがその例である。
　非モノとしてのコトは何なのだろうか。マーケティングでモノといえば商品である。売買対象である非モノが商品でないとしたらサービスであろうか。サービス・マーケティングの研究においても，製品とサービスの違いが明らかになっている。形があるかないかという点だけで見ても，「コト＝非モノ＝サービス」と考えてもおかしくはないだろう。実際に，モノよりコト（＝サービス）で商品分類して……(日経MJ⑦)やサービスや接客といった「コト」

を（日経MJ③），という記述もある。しかし，「コト＝サービス」ならばなぜわざわざコトという言葉を用いるのだろうか？　同じ事象に異なる用語を用いる必要はない。それゆえ，「コト（＝非モノ）＝サービス」と考えていいのだろうか。また，コトは商品やサービスのようにオファリングス（提供物）の1つなのだろうか。

　この2つの疑問を解決する前に，最近の「コト消費」を見てみよう。

Ⅳ．コト消費の実態

1．コト消費におけるコト

　ここ数年で，「コト消費」という用語がメディアでよく見られるようになった。そこで，日経テレコン21で過去1年間（2017年3月16日〜2018年3月16日）の記事の中で，「コト消費」を検索した。その結果，472件がヒットした。新聞別では日経MJ（流通新聞）が191件，日本経済新聞朝刊が100件，日本経済新聞夕刊が19件，日経地方経済面が105件，日経産業新聞が56件，日経プラスワンが1件であった。

　まず，コト消費とは，「商品（モノ）の購入よりも，体験や学びといった「コト」にお金を使う消費行動」（日本経済新聞，地方経済面，千葉，2017年11月25日）と定義されている。コト消費におけるコトの意味の使われ方（**図表4-1**）であるが，最近はその多くがコトとは体験であると捉えている。しかし，コトはサービスであるとみなしている記事があったり，コト体験というトートロジー表現もある。

　コトをサービスと捉えた記事（日本経済新聞朝刊，2017年10月2日，p.17）では，2016年の消費が，モノ（物販）からコト（サービス）へシフトしている，とある。デフレ経済によって落ち込んだものの消費支出は，2016年の消費支出の水準が1988年のバブル期とほぼ同じ水準まで回復しているが，1983年に実施された「国民生活に関する世論調査」（内閣府）では，「今後の生活の力点は何

図表4-1　コト消費の意味の多義性

コトの意味	記事	コトの意味	記事	コトの意味	記事
体験型のコト消費	20	体験を提供するコト消費	1	モノよりコト，特に感動的な体験	1
体験を重視するコト消費	13	体験サービスなどのコト消費	1	体験や思い出というコト	1
体験を楽しむコト消費	4	体験やレジャーなどにお金を使うコト消費	1	楽しく買い物ができるコト消費	1
特別な体験を楽しむコト消費	3	体験＝コト	1	イベントなどのコト消費	1
体験やサービスを楽しむコト消費	3	コト（利用体験）	1	空間やイベントを楽しむコト消費	1
体験（コト消費）	2	コト（体験）	1	モノよりも思い出を重視するコト消費	1
体験などのコトを組み合わせた	2	体験を製品の購入につなげるコト消費	1	コト体験	1
体験やサービスを重視したコト消費	1	「モノからコト」へ，所有から経験へ	1	コト（サービス）	1
非日常の体験を楽しむコト消費	1	非日常を楽しむコト消費	1		

(出所)　筆者作成。

か」の質問で「レジャー・余暇」が「住生活」を初めて抜き去りトップになった。それ以降，豊かさの実感がモノからサービスへ移った。旅行を含む2016年の教養娯楽の支出は1988年対比で8％増となっている。この記事からしても，サービス消費の拡大をわざわざコト消費と言い換えているという見方が否めない。

　さて，コト消費が体験にお金を使う消費行動だとすると，どのような体験の提供があるのだろうか。製造業，小売業，旅行，ホテルにおけるコト消費を喚起する場を見てみよう。

図表 4-2　メーカーのコト消費提供の場

(出所) 筆者作成。

2．コト消費の生まれる場―製造業

　ここでは，製造業について考察する（図表4-2）。メーカーがコト消費をもたらす場合，生産プロセス，製品，販売，使用の4つのステップに事例は分類できる。

(1) 生産段階の見える化・顧客参加

　1つは，工場見学である。工場見学によってモノづくりに対するこだわりを消費者に伝えていこうというものである。たとえば，サントリーの九州熊本工場では，熊本地震によって被災した同工場を再開し見学施設も一新した。その意図は，5年ぶりにリニューアルした主力高級ビール「ザ・プレミアム・モルツ」のものづくりに対するこだわりを消費者に伝え，ブランド力を高めようというものだった（日経MJ㉑）。

　もう1つは，製品の製造プロセスに顧客を関わらせることである。霊園の開発から墓石販売までを手がけるイオ（東京・千代田）は，お墓の売り方そのものを工夫している。お墓のデザインを本人と家族にやってもらっている。故人とその家族がお墓づくりに関わっていると，そうでない場合とは違ったつながりや愛着を感じてもらえる（日経MJ㊿）。

　また，製品の原料づくりのプロセスにまで顧客を関わらせる企業もある。笛木醬油（埼玉県川島町）は江戸時代の伝統製法による醬油造り体験事業に乗りだした。原料の大豆栽培から参加者を募り，木桶で2年かけて仕込む工程も披露する。体験を楽しむ「コト消費」を通じて需要を喚起するとともに伝統製法

の技術伝承にもつなげようとしている（日経MJ㉝，日本経済新聞㉕）。

(2) 製品に関わるコト消費

　製品に関するプロセスは，製品コンセプトと製品機能の2つに分かれる。まず製品コンセプトに関わることだが，これは2つある。1つ目は製品コンセプトに基づいて強調される物語への共感によるコト消費の喚起である。宝飾品のサダマツは，「ビジュ・ド・ファミーユ（家族の宝）」をテーマに掲げ代々受け継がれるような装飾品を模索し，独自商品を生み出した。ダイヤに特殊なカットを施すことで，ダイヤの中に大小2つの星を浮かび上がらせた。星に願いを込めるようにいまの自分と未来の自分を浮かび上がる星に投影してもらおうというストーリーを組み立てた（日経MJ⑯）。

　製品コンセプトに関わる2つ目は，新しいコンセプトの創造によるコト消費の喚起である。アパレル各社は，「アスレジャー」という運動（アスレチック）と余暇（レジャー）を組み合わせた造語で，日常的にスポーツウェアを身につける着こなしに注目し，新たな売上を狙っている（日本経済新聞㊸）。

　また，キリンは缶チューハイ「氷結」の展開で，世界中を旅しているイメージをコンセプト化して，そのコンセプトを消費することでコト消費を喚起しようとしている。「旅する氷結」とうたい，世界各地の人々がその土地で飲んでいるお酒やスタイルを，氷結流にアレンジ。家にいながらでも旅に出た時のワクワク感とその土地の雰囲気を感じられるようにすることで旅の楽しみを少し味わえる（日経産業新聞⑨）。

　製品に関わるコト消費の2つ目は，製品機能に関わるコト消費である。これは，全く新しい機能による新たな使用体験の提供である。ポーラの「リンクルショット メディカルセラム」は「シワを改善する」と初めて明記した画期的な化粧品である。さまざまな化粧品を試してきた女性たちからみても明らかに今までにないアンチエイジングの化粧品となった（日経MJ㉚）。

(3) 販売プロセスでのコト喚起

　ここでは，販売プロセスにおけるコト消費の事例を見ていく。メーカーが有力な顧客接点の場である店舗を，顧客の製品使用体験の場と捉えて，積極的に顧客に働きかけるのが，販売プロセスでのコト喚起である。直営店を活用したり小売店で専用ブースを設けたりして，購買前の使用体験によって顧客に商品を納得して買ってもらおう。

　たとえば，ダイソンは百貨店の化粧品売場にブースを設置し，化粧品のように鏡の前で体験してもらっている（日本経済新聞⑳）。

　バルミューダは，銀座松屋内に常設の専売店を開き，自社のキッチン家電を揃えている。その店舗では，自社製品で調理したチーズトーストやご飯の試食を提供し，家電量販店では難しかった味の違いを訴求することで，自社製品のすばらしさを理解してもらっている（日本経済新聞㊺，日経産業新聞⑪）。

　資生堂はクレ・ド・ポー・ボーテなど50種類以上の主力ブランドを揃えるSHISEIDO THE STOREに，エステサロンやヘアサロン，写真スタジオなども併設することで，商品の販売に加え資生堂が展開する多彩な美容サービスを顧客が体験できるようにしている。資生堂は，ここを「『モノ』と『コト』を編集提案する唯一の拠点」と位置づけている（日経 MJ ㊾）。

　GINZA SIX 地下1階のビューティーフロアでは，化粧品メーカー各社がエステなどの体験型の販売に力を入れている。資生堂は「SHISEIDO」の国内初のブランド直営店で，6月から男性向けの美容レッスンを始めた。コーセーはハイプレステージブランド「コスメデコルテ」の初の旗艦店「メゾンデコルテ」を開業した。一人ひとりの肌の悩みの合わせたボディートリートメントを受けられるサロンを併設する。また，大人の女性に人気の「SUQQU（スック）」は，「顔筋マッサージ」が受けられる個室を用意し，同ブランドで1番人気の施術スタッフを配置した（日経 MJ ㉓）。

(4) 使用プロセスにおけるコト消費

　ここでは，使用プロセスにおけるコト消費の事例を見てみよう。使用プロセ

スでのコト消費の喚起は，イベントによるコト消費喚起，消費プロセスへのこだわりによるコト消費喚起，製品機能を超えた使い方や楽しみ方によるコト消費喚起の3つに分類される。

　まず，イベント活用による消費喚起である。暦の上ではさまざまな行事がある。この行事に基づいたイベントを展開し体験を喚起して消費につなげようとするパターンである。たとえば，アサヒビールは卵黄を使ったリキュール「ボルス　アドボカート」を，イエス・キリスト復活を祝う記念日「イースター」（復活祭）に合わせて拡販する。消費者が「コト消費」の志向を強める中，特別感のあるカクテルとともにイベントを楽しめるように売り込むのが狙いである（日経MJ [20]）。

　前述のサントリーは，プレミアムフライデーに賛同し，JR東日本と組みお座敷列車「宴（うたげ）」でプレミアムモルツを振舞う旅行商品を期間限定で展開した（日経MJ [21]）。

　2つ目は，使用プロセスへのこだわりによるコト消費の喚起である。こだわりのある製品やサービスの消費・使用は，その高関与ゆえに消費・使用プロセスへのアレンジが満足のいく体験を提供する場合がある。たとえば，ソニーは，カートリッジ式のアロマ発生器「アロマスティック」の販売促進として，企業向けの出張ヨガ教室と組み，好みの香りとともにヨガに取り組んでもらう。また，直販店のソニーストアでもアロマスティックを取り入れたヨガの体験イベントを行う。ヨガのストレス解消というプロセスに相性のいい同製品の理解を高め，販売につなげようとする（日経MJ [29]）。

　また，パナソニックは，「ザ・ロースト」というユニークなコーヒー豆の焙煎機を発売した。コーヒーのおいしさは「生豆で70%，焙煎で約20%と9割が決まる」とこだわり派にアプローチ。世界各地の新鮮な豆をスマホを活用して最適な味に仕上げ，産地情報も伝える。焙煎に関わる2つの要素にこだわり，コーヒー通を満足させる体験がこの製品のウリである（日経産業新聞 [8]）。

　既述の2つの使用プロセスにおけるコト消費の喚起は製品自体の機能がカギ

となったコト消費が多かったが，３つ目は製品機能を超えた使い方や楽しみ方によるコト消費喚起である。

スポーツ用品世界2位の独アディダスは，顧客の「走りながら健康維持をする」を実現するために，ジョギングアプリのランタスティック（オーストリア）を買収した（日経産業新聞⑫）。これは，顧客の要望を満たすには，用品販売だけではなく関連するサービスも必要だという同社の認識の現れである。

自動車業界では，車に対する認識が変わりつつある。かつては車を「所有」することが「富」の象徴ともされたが，相乗りの普及で「いかに利用するか」ということへユーザーの関心が移り始めた。車メーカーが競ってきた燃費や馬力など「モノ」としての車より車で何ができるかという「コト」へ関心が高まってきている（日本経済新聞(55)）。

自動車業界では技術革新も進むが，トヨタは電気自動車の開発に関してｅパレットコンセプトを提唱する。自動運転機能を備えた電気自動車で，何ができるかということを考える。

従来の自動車産業の延長としての乗り物を売るのではなく，新しい構想は移動手段をサービスとして提供するという画期的なものである。トヨタは自ら自動車産業の変化を加速しようと，自動車というモノづくりを軸とした企業から，モビリティーサービスというコトづくりを軸とした企業への転身を打ち出した（日経MJ (54)）。

3．コト消費の生まれる場―小売業

続いて，小売業のコト消費の事例を見てみよう。小売業の場合は，図表4-3のように物販を中心とした場合とライフスタイル提案型の２つに大別できる構図が見てとれる。

(1)　物販からサービス販へ

まず，物販を中心としたコト消費を見てみよう。これは，有形の商品だけで

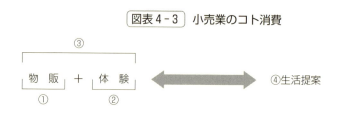

図表4-3 小売業のコト消費

(出所) 筆者作成。

なくサービス用品も取り扱うようになる事例（図表4-3，①）と，従来の物販だけでなく体験できる何かを新たに強調しようという事例（図表4-3，②），新たにショップコンセプトを掲げてそのもとで物販とその体験サービスを提供する事例（図表4-3，③）という，3つのケースに分類できる。

1つ目の取扱商品が有形の商品だけでなくサービス商品に拡大する事例を見てみよう（図表4-3，①）。百貨店は中元商戦やおせち商戦，福袋商戦での取扱商品に従来の有形の商品だけでなくサービス商品も取り扱うようになった。中元商戦では，ホテルや旅館のペア宿泊券やスパの入浴マッサージ券といった体験型ギフトを新たに加えたり，そば打ちやフルーツ狩り，断食入門プランなど「体験型選べるコトギフト」を提供する（日本経済新聞㉒，㉓）。

おせち商戦では，旅館に宿泊しておせち料理を食べる宿泊プランというサービス商品も出てきた（日本経済新聞㊴）。

福袋商戦では，「自分磨き」をサポートする商品として，トレーニングマシンとその指導をセットにしたり，プロがコーディネートした衣料品を提供するといったサービスがセットになった有形商品や，人気洋菓子店のシェフが購入者の要望に応じてオリジナルケーキを作るというサービス融合商品が注目される。また，大相撲観戦やクルーザー乗船という純粋なサービス商品も福袋商戦として提供されるようになっている（日経MJ㊼，日本経済新聞㊼，㊽）。

取扱商品をサービス商品に拡大したのは百貨店だけではない。ユニーはアピタ稲沢東店で，保険や家事代行，洋服買取の窓口を設置した。従来のスーパーマーケットの物販だけでなく，複数の生活サービスをワンストップで相談でき

る売場を設けた（日本経済新聞㉙，㉞）。

イオンも，家事代行のカジタク，結婚情報のツヴァイ，映画に葬儀など，サービス商品をグループとして展開するようになっている（日経 MJ ㊻）。

⑵　物販と体験

次に２つ目の従来の物販だけでなく体験できる何かを新たに強調しようという事例（図表４－３，②）は，商業施設の場合と店舗の場合とがある。商業施設の場合の代表事例はイオンモールである。映画館を併設するショッピングセンターはヒット作に恵まれることでモールの集客力がアップし，他の店舗の売上も上昇した。イオンはショッピングセンターの成長戦略として「コト消費」を組み合わせた展開を目指している。アウトレットを主体とする新型ショッピングセンターの展開では，シネマコンプレックスやスケートリンク，飲食店などのサービスやアミューズメントに力を入れている。また，地元との連携も強化する。たとえば，広島では野球やサッカーなどのプロチームと提携し，ゲーム感覚で運動できる施設の導入を検討する。テナントには地元企業を積極的に誘致して名産品などの販売拠点にする。イオンモール常滑では，アスレチックやカート用サーキットを設けている。徳島では，飲食店街を３階から５階の南側を吹き抜けでつなぎ「フードヴィレッジ」として一体的に整備した。また，ペット専門店の奥には，フクロウやヒヨコなどに触れる「ふれあい動物園」を設置した（日本経済新聞⑰，⑲，㊶，㊷）。

インドネシアや中国など海外でのショッピングセンター展開も同様にコト消費に対応した施設を導入しているという趣旨の記事が複数見られる（日経 MJ ㊾，日本経済新聞㊳，㊺）。

そごう・西武は，そごう千葉店の別館「オーローラモール ジュンヌ」を，若い女性向けファッション館から飲食やサービスなどの体験型のコト消費を重視した売場に転換する。これまでのファッション物販の比率を下げ，タブレット動画を見ながら菓子作りができるクッキングスタジオや加圧トレーニングができるテナント，DVD の上映会にも使えるミニシアター，卓球場やコワーキン

グスペース（共同オフィス）などを順次オープンさせる（日経MJ㊲，㊴，㊽，日本経済新聞㉔，㉝，㊽）。

　ラオックスが運営するポートタウン（千葉市）は，主力の物販に加えて屋内型サバイバルゲームのフロアも設置した。物販と飲食フロアや体験型施設を組み合わせ，モノ，コト消費双方の需要取り込みを意識した施設である（日本経済新聞㉘，日経産業新聞⑤）。

　岡山高島屋は，屋上のリニューアルや新たな飲食店を入れることでコト消費を引き込もうとしている。本館屋上のリニューアルでは，ハンモックや木製のブランコ，ジャングルジムを新設し，遊具の拡充によって休日の子供連れ家族の利用を狙った。新たな飲食店の設置では，500円で食べられるカレーのほか，ホットドッグ，オムライスなどを提供する。カウンターで食べ物を受け取り，テーブルで食事する。駅前地区で働く人らの利用を見込む。若い世代を屋上に呼び込み階下の店舗を利用してもらう「シャワー効果」を期待する（日本経済新聞㉛）。

　三越伊勢丹ホールディングスは人気アニメ「ドラゴンボール」と「Dr. スランプ アラレちゃん」に関連した商品の販売を行う。同時に，同じ売場内にカフェを併設して，ドラゴンボールなどに関連するメニューを提供する（日経MJ ㉒，日本経済新聞⑮）。

　東急百貨店の吉祥寺店を大改装し，6階にある子供向けブランド「ファミリア」，「ミキハウス」，「ボーネルンド」の仕切りをなくし，買い回りをしやすくした。また，子供向けのワークショップも計画し，コト消費も融合した商品を提案する（日経MJ ㊺）。

　その他の動きとして，百貨店が食とファッションを組み合わせた売場づくりに乗り出している。名古屋三越栄店（名古屋市）は婦人服フロアのど真ん中にビストロをオープン。大丸神戸店（神戸市）は紳士服フロアの自主編集売場にカフェバーを設ける（日経MJ ㊶）。

　続いて，店舗レベルでの物販だけでなく体験できる何かを強調する事例を見てみよう（図表4-3，②）。この事例は，4つのパターンが見られる。1つは

行事や記念日を活用した体験イベント，2つ目は商品そのものを顧客に作ってもらったり触れ合う体験イベント，3つ目はイベントサービスによる物販強化，4つ目は展示イベントである。

　まずは，1つ目の行事や記念日を活用した体験イベントである。1年を通してさまざまな行事がカレンダー上にはある。たとえばハロウィンやバレンタインなどに合わせてイベントを仕掛けて購買のきっかけをつくるというものだ。

　また，売場づくりをその季節の打ち出しを機動的に展開し，店頭で季節感を体験できる売場づくりや品揃えもコト消費とのマッチを狙っている（日経MJ㉖）。

　さらに，52週マーチャンダイジングのような従来型の販促イベント以外の企画も見られる。たとえば，BAKEが「ベイクチーズタルトの日」に合わせて試食イベントを開いたというように，企業独自の記念日を制定しイベントを行う企業も少なくない（日経MJ㊻）。

　続いて，2つ目の販売している商品そのものを顧客に作ってもらったり触れ合う体験イベントを見てみよう。道の駅では地元の特産品が販売されているが，木更津うまくたの里のように特産品のブルーベリーを使ったジュースやゼリーを販売するだけでなく，ジャムづくりなどを体験できる場を設ける所もある（日本経済新聞㉗）。

　他にも，宝飾品店を展開するケイ・ウノ（名古屋市）では，自分でペアリングや婚約指輪を作るサービスを提供している。たとえば，金属を延ばして成形するところから始める金属加工プランは，職人のサポートを受けながら手づくりをするため完成度も高い。自分たちが作ったという過程や時間に意味を見出すという（日本経済新聞㊼）。

　また，ペット用品専門店のイオンペット（千葉県市川市）は，店舗内に「ふれあい動物園」を併設し，ヒヨコやフクロウ，ミーアキャット，大型のトカゲなど，珍しい動物に触ったり餌をあげたりできるようにしている（日経MJ㉛）。

　さらに，3つ目のイベントサービスによる物販強化を見てみよう。ABC

コーヒー（目黒区）は，来店を促進するために店内でヨガ体験などのイベントを随時開催する（日経MJ㉜）。

「ペリエ千葉」（千葉市）本館では，千葉初進出の店を誘致し先端的な感度をPRしつつ地場の特産品も集めてご当地色を融合させる。同時に，体験を楽しむ「コト消費」に対応したさまざまなイベントも企画する（日経MJ㊳）。

いよてつ高島屋は，体験やレジャーにお金を使う「コト消費」への対応策として「文化催しはこれからさらに増やしていく」（真柴課長）としている（日本経済新聞㊺）。

岩田屋本店など福岡市の天神にある6施設は11月1日から7日まで，ファッション関連のさまざまなイベントに取り組む「TENJIN Fashion WEEK 2017」を合同で開催した。各施設でファッションショーや期間限定ショップを開き，店舗ならではの体験を提供した（日本経済新聞㊻）。

訪日外国人に花見を楽しんでもらおうとサービスを企画する百貨店もある。高島屋横浜店（横浜市）は一定額以上買い物した客を対象に，人力車で桜の花見をするサービスを始めた（日本経済新聞⑬）。

4つ目は展示イベントを見てみよう。眼鏡店のジンズが5月，東京・渋谷に開いた旗艦店で芸術作品の展示などを行っている。これは，楽しく買い物ができることで，20～30代を中心とした顧客の来店を見込む（日経MJ㊸）。

(3) ショップコンセプト

続いて，ショップコンセプトによって物販と体験を統合的に演出しようというケースを見てみよう（図表4-3，③）。ファミリーレストラン最大手のすかいらーくは，新業態の店舗としてハワイアンレストランの展開を考えている。店舗の内外装はリゾートホテルのような雰囲気を演出し，インスタ映えするハワイのローカルなメニューを揃える。このような物販やサービスによって現地に旅行に出かけたかのような気分を味わってもらう（日経産業新聞⑩）。

眼鏡店のゾフがルミネ限定で展開する新業態ゾフ・マート・オールウェイズ・イン・シーズンでは，店内のiPadや消費者のスマートフォンを使い自分

の情報を登録することで，待ち時間などが店内のモニターで分かる仕組みを取り入れた。また，食品売場のような内装と商品展示が相まって楽しみながら買い物ができ，女性客の支持を得ている（日経MJ ㉕）。

(4)　生活提案

最後に，図表4－3の④である生活提案型店舗を見てみよう。海外ブランドの自転車の輸入販売や自社ブランドも展開するアクションスポーツ（戸田市）はさまざまなイベントを開催し，自転車の楽しみ方を提案している。たとえば，サイクリストが集う荒川沿いの彩湖（戸田市）近くにサポート拠点を設置する。グルメや景勝地をめぐるサイクリングイベントや入門者向け講座を開催し，自転車の楽しみ方を提案する。自転車を楽しむだけでなく，食事や風景や，史跡などを楽しむ。楽しく感動的なバイクライフは，自転車の機能だけでは実現できない（日本経済新聞(57)）。

JR土浦駅（茨城県土浦市）の駅ビル「ペルチ土浦」は，サイクリングを楽しむための施設「プレイアトレ」にリニューアルされる。地下1階と1階には自転車の修理やメンテナンス，シャワールームやロッカーなどのスペースが，2階には地元のクラフトビールや日本酒，ベーカリー，スイーツショップなど人気ショップなどが，そして3階から5階には自転車を持ち込めるサイクリングホテルが入る。周辺に日本有数のサイクリングコースがあり，サイクリングを楽しむ人たちへのサポートを商機と見ている（日経MJ (51)）。

エディオン蔦屋家電（広島市）は，店内に家電と書籍を組み合わせてライフスタイルを提案する売場構成になっている。また，それぞれの売場にはエディオン社員が専門知識を備えたコンシェルジュとして接客をする。たとえば，美容売場ではお試しコーナーに立ち，消費者からの相談に応えたり，実際にヘアアイロンを使ってスタイリングのアドバイスもする。カメラ売場のコンシェルジュには元プロカメラマンもいる。商品の説明だけでなく，写真撮影のイベントなども自ら企画に携わる（日経MJ ㉘）。

柏の葉T-SITE（千葉県柏市）は，キッズ，食，暮らし，アウトドア，ス

ポーツなど，家族で楽しめるフロアを展開する商業施設である。テナントとして「蔦屋書店」や地元産の自然派食材を使ったベーカリーショップ「ザ・グラウンズベイカー」といった飲食店，大塚家具として初のソファ専門店，子供服「ファミリア」など19店が入る。蔦屋書店の棚とテナントがシームレスにつながり，どこがテナントかを意識させないのが特長で，ライフスタイルの提案に力を入れている。食事や買い物を楽しめるのはもちろん，子供向けイベントが多数開かれ，施設全体が親子で楽しめる空間になっている（日経MJ㉟）。

こだわり屋（愛知県・新城市）はワインや日本酒の試飲ができるバーカウンターがウリの酒店である。ソムリエ資格を持つスタッフお薦めの酒を無料・有料で試飲できたり，「酒」をテーマにしセミナーやイベントを開催している。また，年に1回，地元の酒蔵で行う仕込み体験ができるツアーを開催し好評を得ている（日経MJ㊺）。

4．コト消費の生まれる場―旅行

ここでは，旅行に関するコト消費を見てみよう。旅行に関するコト消費は，物見遊山型から何かテーマをもった特別な体験型旅行が注目を集めている。

テーマ性の高い旅行商品を得意とするクラブツーリズムでは，このテーマという条件に性別や年齢，1人旅，夫婦など参加条件を設けたひと味違うシニア旅がまた人気である（日経MJ⑰）。

修学旅行や一般の旅行も観光地を駆け足で回るのではなく，たとえば福祉の現場を訪ねるなど学びの要素を盛り込んだ「スタディーツアー」の人気が高まっている（日経MJ⑲）。

婚活イベントでも，バスで地方へ出かけ，イチゴ狩りや農作業，散策をしながら出会いを演出するツアーが人気を集めている。体験を目的に参加することも可能な気楽さが参加者のすそ野を広げている（日本経済新聞⑯）。

東武鉄道は，昭和初期の駅舎などもある鬼怒川線で蒸気機関車（SL）を走らせる。レトロな移動を楽しむ「鬼怒川レトロ線」である（日経MJ㊱）。

JR東日本千葉支社は，2018年1月1日から3月31日の3か月間，房総観光キャンペーン「ちょっとひと息，房総休日。」を開催する。レタスやトマトの収穫体験など旅先での経験を前面に打ち出し，地域の食や人との交流を楽しんでもらう（日本経済新聞㊿）。

　旅行先で特別な体験を楽しんでもらうことを目的とした事業の動きもある。日本旅行は，地方の旅行会社や交通事業者，DMO（観光地経営組織）などが企画・実施するツアーを都道府県別に紹介するウェブサイト「TabiSaki（たびさき）」を開いた。ご当地ならではの魅力的なツアーの集客を助けるのが狙いだ（日経MJ㊷，日本経済新聞㊲）。

　ヤフー子会社で宿泊予約管理システム大手のダイナテック（東京・中央）は体験予約サイトのアソビュー（東京・渋谷）と連携する。宿泊予約管理システムを導入している宿泊施設は約2,800ある。その施設を予約する個人が，施設の周辺で提供されている1万5千件以上の体験プラン（パラグライダー，ラフティング，陶芸，そば打ち等）を部屋と一緒に予約できるようにする。これで予約率向上を狙う（日本経済新聞㉟）。

　旅行でのコト消費といえばインバウンドを連想する人も多いだろう。訪日観光客を相手にしたコト消費は，伝統文化の体験や自然の体験，日本人の日常生活の体験，健康などがあげられるが，いずれも，滞在体験を商品化したものである。

　伝統文化の体験は，真剣の試し斬りや着物を着て京都の町を歩くサービス，相撲発祥の地とされる奈良県葛城市でのまわしをつけて土俵に上がれる「けはや座」，お遍路さん，安土城レプリカをホテルにして日本の城に泊まる体験，酒蔵を巡り試飲をするツアーなどさまざまである（日経MJ⑱，㉔，日本経済新聞⑫，⑱，㉖，㉜）。

　自然の体験も，奈良県吉野町での森を散策する森林セラピー，北海道での農林漁業体験などがある（日本経済新聞㉖，㉛）。

　日常生活の体験では，スーパーで買い物をしてキッチンスタジオで太巻きや厚焼き玉子づくりに挑戦する，山間の秘境を訪ね住民と触れ合ったり，街中の

銭湯でくつろぐ，地域の食材や料理などを活かし，お弁当作りや日本酒の飲み比べなどといったものがあげられている。これらは日本文化を内側から体験できるということで人気である（日経MJ㊳，日本経済新聞㊱）。

健康に関しては，旅行に健康や美容増進を組み込んだウェルネス・ツーリズムがある。たとえば，日系企業に勤める中国人を主なターゲットとして，「健康診断」を核に温泉やトレッキングなどを組み合わせたパッケージツアーを開始する（日本経済新聞㉚，㊹）。

5．コト消費の生まれる場—ホテル・旅館

ホテル・旅館業界が何をコト消費とみなしているか見てみよう。結論から言うと，そのホテル・旅館でしか体験できないサービスを提供することで顧客満足を高めようとしている。

王宮は，英語版有名予約サイトの「泊まりたいホテル」で大阪首位にもなったホテルである。王宮では，1階ロビーにマッサージチェアを並べ，旅の疲れを癒やしてもらう。また，着付け教室やたこ焼きづくり，輪投げといった催し物を日替わりで開催したり，毎晩22時から200食限定であるが無料で「お夜食ラーメン」をふるまう（日本経済新聞⑭，日経産業新聞⑥）。

箱根仙石原プリンスホテル（神奈川県箱根町）は2018年1月9日～3月21日に，ホテル内で謎解き体験する宿泊・日帰りプラン「本と歩く謎解きの夜～あるジャーナリストの筆跡～」を提供した。参加者が探偵役になり，失踪したジャーナリストが残した本を読み解きながらホテル内を探索して，失踪事件を解決する。細かいところまで好奇心をそそる演出になっている（日本経済新聞㊴）。

京王プラザホテル（東京・新宿）がシニア世代のニーズに合わせ，能楽や盆栽，着物や箸の展示会，有田焼をテーマにした骨董品の展示や有田焼の食器を使った朝食の提供など日本文化のイベントを月に1度のペースで開催する。もともとは京王プラザの訪日客のために日本文化体験イベントを行ったが，無料

のイベントも多く，シニア世代が気軽に立ち寄るきっかけになっている（日経MJ㉞）。

　藤田観光は箱根ホテル小涌園を閉鎖し，新たに箱根小涌園天悠をオープンした。天悠は単なる改装ではなく，価格帯も依然と比べて1万円ほど上がるが，天悠から身軽に出発するアクティビティや周辺観光，オーダーメイドによる記念日イベント等でリッチな体験を提供する（日経MJ㉗）。

　香港EGLツアーズが開発した大阪逸の彩ホテルでは，着物着付け体験やたこ焼きづくりなど，曜日替わりのイベントを用意する。また，積水ハウスは写経体験や精進料理を楽しめる宿坊型ホテルを4月に開業した（日本経済新聞㊽）。

　そのホテルでしか体験できないことを提供するという意味では，異業種からのホテル業界への参入も見られる。本業で培ったノウハウや異業種だからこその独自の発想でビジネスを展開する。

　「カラオケパセラ」をチェーン展開するニュートン（東京・新宿）のグループ会社が運営するホテル「パセラの森」（横浜市）は別名「お祝いホテル」と言われる。ここでは，誕生日や結婚記念日など人生の多種多様な節目の日を祝うプランを用意する（日経MJ㊵）。

　国産カモミールを利用したオーガニックの入浴剤や化粧品を製造販売するカミツレ研究所（東京・江東）が運営する「八寿恵荘」（長野県池田町）は，ホテルで体験する「オーガニック生活」がウリである。ホテルは建材から内装，家具，タオルなどのアメニティーに食事まで徹底的にオーガニックにこだわった。敷地は東京ドーム3個分に相当する13.5haで，13万本を栽培するカモミールの収穫体験のほか，近隣にある自社工場の見学などもできる（日経MJ㊵）。

　宿泊客争奪戦が激しくなるなか，そのホテルにしかない「コト」の体験は新規の顧客開拓とリピーターの獲得という両面で強みとなることは間違いない。ただ，とんがった「コト」の体験はそれぞれのホテルが比較的小さいからこそできるという面もあり，規模の追求は難しい。

　「コト」を売り物に参入した異業種ホテルが生き残っていくためには体験の

新鮮さ，飽きられることのない新たな魅力をどう打ち出していくか。その手腕が問われる（日経MJ㊵）。

V．マーケティングの対比

1．コトの定義と特徴

　ここでは，Ⅲ節末であげた２つの疑問（①「コト（＝非モノ）＝サービス」と考えていいのだろうか。②コトは商品やサービスのようにオファリングスの１つなのだろうか）について答えを導きたいと思う。そのうえで，新たなマーケティングが既存のマーケティングに対してどのように位置づけられるのか明らかにする。

　コトの定義についてもう一度考察することで，２つの疑問に対する答えを導き出していこう。まず，「コト（＝非モノ）＝サービス」と考えていいのだろうか，という疑問についてである。その前に，１章で述べたコトの定義「顧客が体験状態としてあること」をもう少し詳細に見てみよう。

　３章で示したように，「こと」とは「ものの状態・動作としてあること」であった。さらに，「こと」は「もの」に属し，「もの」を「もの」たらしめる基礎であり，「もの」が志向の対象であるがゆえに「もの」が見出される地盤である。したがって，「もの」と「こと」とは不可分な関係であることがわかる。そこで，「こと」の定義に基づいて，暫定的にコトとは「モノの動作・状態としてあること」とする。

　この暫定的なコトの定義におけるモノとは何かを見てみよう。モノとして考えられるのは，「物」と「者」である。まず，モノを物として考察してみよう。モノというとわれわれは「物」を連想し，モノを商品であると考えてもおかしくはない。しかし，これでは矛盾が生じる。なぜなら，モノが物であるならば，コトとは「商品の動作・状態としてあること」であるという意味になり，コトは商品の機能や性能であるということになる。したがって，コトの暫定的定義

に用いられるモノは物つまり商品ではない。

　続いて，コトの暫定的定義でのモノを「者」として考察してみよう。この場合の者は顧客であると考えると，3章で論じたように新たな展開の可能性が見えてくる。コトとは，「顧客の動作・状態としてあること」と定義すると，顧客が商品やサービスを使用・利用すること，顧客が商品やサービスによって特定の生活状態にあることがコトである，ということになる。さらに，この定義には時間的要素が入っている。商品やサービスを使用・利用することで顧客の状態は向上する。顧客の生活状態も長期的には変化する。したがって，この定義では顧客を「変化する状態」として捉えることができる。これに対し，従来の刺激型マーケティングにおける顧客は「ニーズをもった固定的存在」と見ることができるだろう。

　コトの定義が顧客に関するものだということが明らかになった今，既述の2つの疑問に対する答えも明らかになる。コトはサービスと同義ではなく，商品やサービスと同等のオファリングスの1つでもない。

　コトがサービスと同義ではないということは上記の定義から明らかだが，コトがサービスと同義ではないことの傍証として，同義として考えた場合の混乱や誤解があげられる。コトとサービスが同じ意味であるならば，複数の用語を用いること自体が混乱や誤解を招く原因になってしまう。このことからもコトがサービスと同義であると考えるのは不適切である。

　コトが商品やサービスと同等のオファリングスの1つであるということも，コトの定義によって否定された。コトは商品やサービスよりも上位の概念である。顧客が特定の生活状態つまりコトを実現するために製品やサービスを使用・利用する。さらにコトには時間的要素が入っているため，長期的には顧客の生活状態であるコトも変化するのである。

2．コト・マーケティングと従来のマーケティング

　さて，上述のコトの定義と顧客の捉え方から，企業のオファリングスと顧客

の捉え方を2つの軸にしてマーケティングを分類したのが，**図表4-4**である。

セル［Ⅰ］は，オファリングスのモノを「ニーズをもった存在」である顧客に提供する。つまり，顧客ニーズに対してモノで応える。これは，従来のマーケティングである。モノ・マーケティングと呼ぼう。メーカーがいくら生産プロセスに顧客を参加させても，製品のコンセプトや新機能が独自的なものであっても，販売プロセスで顧客に関わったとしても，製品が中心のマーケティングである限り，それはモノ・マーケティングである。なぜなら，それらの手法は顧客のニーズを刺激するだけで，時間的要素が見られないからだ。つまり，それらの手法でニーズを満たすことができたとしても，それは長く続かないだろう。顧客はいずれそれを当たり前だと思うようになり満足度も低下するからだ。

小売業のコト消費喚起活動においても，物販が中心であり物販の補完としての体験の提供だとしたら，それはモノ・マーケティングでしかない。なぜなら，これも顧客のニーズを刺激するだけで，持続的な顧客満足は望めないからだ。

セル［Ⅱ］は，オファリングスの非モノを「ニーズをもった存在」である顧客に提供する。ここでのオファリングスとしての非モノとは，サービスと解していいだろう。したがって，顧客ニーズに対してサービスで応えるということ

図表4-4　3つのマーケティング

		顧客の捉え方	
		ニーズをもった存在	コト（変化する状態）
オファリングス	モノ	［Ⅰ］ モノ・マーケティング	［Ⅲ］ コト・マーケティング
	サービス	［Ⅱ］ サービス・マーケティング	

（出所）筆者作成。

で，セル［Ⅱ］はサービス・マーケティングである。実務においてコト＝サービスと捉えている事例は，このセルに該当する。

　旅行にしても，何らかのテーマをもった特別な体験旅行といっても，その特別な体験が単に顧客ニーズを刺激することを主たる目的としているなら，それはサービス・マーケティングである。

　ホテル・旅館においても同じである。そのホテル・旅館でしか体験できないサービスが顧客ニーズの刺激を主な目的とするならば，サービス・マーケティングの域にとどまる。

　セル［Ⅲ］では，変化する状態の顧客に対し，コト（顧客の動作・状態としてあること）を実現するための道具としてのモノやサービスの組み合わせを提供する。これを，コト・マーケティングと言う。第3章で説明した助詞の「を」と「で」で考えてみよう。コト・マーケティングでは，「で」が重要になる。自転車「で」楽しむためには，コトという上位概念の下，自転車以外のモノやサービスの組み合わせが必要になる。自転車「を」楽しむ場合は，自転車の性能や機能といった自転車というモノで応えることになる。セル［Ⅰ］のモノ・マーケティングである。

　メーカーや小売業，旅行，ホテル・旅館の事例で見てきた体験提供の活動が，コトという上位概念の下にその体験をきっかけに変化する顧客とともに変化し発展していくことを前提にしているならば，それはコト・マーケティングになる。なぜなら，その活動に時間軸が見てとれるからだ。

　では，コト・マーケティングとして，前述の事例から該当するものを見てみよう。まず，2010年9月8日からの1年間の事例から。**生活シーンや，パンの楽しみ方を提案する「コト消費」（日経MJ②），「何がしたいか，どうしたいか」という「モノよりコト」の発想である（日経産業新聞①），モノを通じて楽しめる「コト」を重視する（日経産業新聞③），どういう気持ちで，どういう場面で消費するのかという『コト』を合わせた提案（日経MJ⑮），『飲み方』というコトの提案（日経MJ⑮）。これらは，顧客の動作に関する表現である。動詞が関係している。**

また，楽しさや，感動といった『コト』も提供する（日本経済新聞①）や「犬といる幸せな生活」（コト）（日経産業新聞③），家族のあたたかさというコト（日経産業新聞③）という表現もあった。これは，顧客の状態に関する表現である。形容詞が関係してくる。

　このセルの特徴は，顧客の動作や状態（コト）に関する提案をしているという点である。動詞や形容詞で表されるコトの提案である。企業は自らが提案するコトの実現のために製品やサービスを提供するのである。これが，コト・マーケティングである。

　それは，2017年3月16日から1年間の事例でも同じである。メーカーは，作って終わりではなく，企業や製品のブランドのテーマによって図表4-2の生産プロセスや製品コンセプト実現プロセス，販売プロセス，使用プロセスにおいて，顧客と積極的に関わり，テーマに基づいた新たな体験を提供している。小売企業の場合は特に，ライフスタイル提案の事業展開を行っているケースでは，顧客との関わり合いの中で新たな体験を提供している。

　旅行に関する事例でも，何らかのテーマに基づいた体験型旅行が，旅行「を」楽しむではなく旅行「で」楽しむというものなら，旅行サービスを超えた体験を提供できるであろう。また，ホテル・旅館でも，ホテル・旅館の宿泊サービス「で」楽しむという形の体験を提供できる場合は，コト・マーケティングの展開になる。

VI. 新たな需要創造へ向けて

　本章では，実務において多義的に用いられているコトとコト消費について考察した。特にコト消費に関しては，コト消費が喚起される場を分類し，生活に関する提案型のコト消費の存在を明らかにした。また，コトの定義に基づいて顧客を変化する状態として捉え，モノ・マーケティングとサービス・マーケティングと対比してコト・マーケティングの特性を明らかにした。同時に，マーケティングの3分類によって，従前の多義的なコト消費を分類することが

できた。

　コトの多義性を整理することで第3章からさらに進んでコト・マーケティングの特性がクリアになったが，同時に新たな課題もある。提案するコトをどのように創造するのかという疑問である。新たな需要を創造できるようなコトのテーマはどうすれば発見できるのだろうか。

　また，提案したことを実現するための商品やサービスをどう提供していくのかという疑問も生じる。コト実現の道具としてありきたりの商品やサービスしか提供できないようでは，顧客は満足しないだろう。コトの創造と実現，これをどのように行うのかというのが次に取り組む課題である。

●注
1　他にも文法的な意味が記されているが，本書とは関係がないので割愛した。

第5章
コト・マーケティングと価値創造
―コト・プロセス視点の価値創造

1. 顧客のプロセスに関わる

　第3章と第4章では体験価値をもたらすコト・マーケティングについてその定義や特徴を明らかにした。本章は，そこで解明されていない，コトを発見し製品・サービスを含めたマーケティング活動の展開をどのように行ったらいいのかという，コト・マーケティングのプロセスを明らかにする。

　成熟市場では新市場の創造が重要になる。その一方で，顧客は価値を主体的に判断している。したがって，新市場創造のためには，価値を判断する顧客のプロセスがカギとなる。そのプロセスとは，購買プロセスや使用プロセス，消費プロセス，もっと広く言えば生活プロセスである。それらのプロセスの途上で顧客はさまざまな体験をし，さまざまな感情を抱く。それは，顕在的にも潜在的にもという両方の意味として，である。プロセスをリデザインすれば，同じ製品やサービスの提供でも，まったく異なる体験や感情が生じることになる。そして，その体験プロセスが「コト・プロセス」である。

　本章では，このプロセス視角から顧客価値を実現するマーケティング活動を探究していく。まず，交換価値とプロセス視点に基づいた価値という2つの価値を比較したうえで，スノーピークの事例を分析する。その分析を基に顧客が判断する価値を提供するマーケティングを明らかにする。

II. 交換価値とプロセス視点に基づいた価値

　以下では，交換価値に基づいたマーケティングと共創価値に基づいたマーケティングの比較をし，コト・マーケティングのプロセスを明らかにする。

1. 交換価値とマーケティング

　「交換こそがマーケティング活動の核心である」と言ったのはBagozzi (1979) である。アメリカマーケティング協会もマーケティングの定義 (1985年～2004年) を「マーケティングは，個人と組織の目標を達成する交換を創造するために，アイデア，財，サービスの概念構成，価格，プロモーション，流通を計画・実行する過程である」とし，定義の中心に交換を用いた[1]。

　なぜマーケティングの中核が交換なのだろうか。嶋口 (1994) は次のように説明している。交換が成立するとは，次のような状態を意味する。売り手と買い手は相互同意に基づいてそれぞれの資産を提供し合う。双方が自分の提供する資産よりも受け取る資産の方が自分にとってより価値があると両者は認識する。交換後は双方の全体価値が向上する。この2人の関係を最小単位の社会だとすると，交換によって社会価値の総体も高まることになる。

　また，個別企業の経営機能としてマーケティングを考えた場合でも，交換を通じて買い手である顧客の満足を高めることがマーケティングの本質として浮かび上がる。売り手である企業は，製品やサービスを「ベネフィット」の束として買い手である顧客に提供する。買い手である顧客は自身の資産である金銭を対価として提供する。企業も顧客も自身が提供する資産よりも自身が受け取る資産の方が自身にとってより価値があるとなれば交換が成立し，双方の全体価値も向上する。

　このような交換が成立するためのマーケティング活動はどのようなものであろうか。企業は市場調査などによって買い手のニーズを探り，製品コンセプト

として仮説的に確定する。この仮説的に確定された買い手の価値としてのコンセプトを，一連のマーケティング・ミックスによって，価値を顕在化させ顧客に提供する。つまり，製品政策によって価値形成し，価格政策によって価値表示し，プロモーション政策によって価値伝達し，チャネル政策によって価値実現させる。このような，「市場の価値が組織内に取り組まれたうえで市場価値連鎖の政策に仕立てられて，再び戻され」[2]ることで，ニーズや価値が顕在化する。「この市場価値連鎖の一連のプロセスが，買い手の支払う対価以上と買い手が認知するとき交換が生ずる」[3]。

この交換概念に基づくマーケティングでは，企業と顧客は，それぞれが独立した関係であり，顧客は企業のマーケティング活動の対象である。両者の接点は交換であり，相手の提供物が交換に値すると双方から認識されなければ，マーケティングは成功しない。したがって，企業は，交換に値する価値が内在された製品・サービスを生産しなければならない。ゆえに，企業の製品・サービスは交換に値するものであり，（交換に値する）価値が製品やサービスに内在するという前提が交換概念に基づいたマーケティングにはある。

2．プロセス視点に基づいた価値

第2章の脱コモディティ化戦略のレビューで示されたように，顧客を価値創造の主体として捉える視角が注目を集めている。そのうえで，プロセス視点の必要性が述べられているのだが，プロセス視点を基にマーケティングを考える場合，参考になるのが価値共創である。

価値共創は，サービス・ドミナント・ロジック（以下，S-Dロジック）やサービス・リレーションシップ・マーケティングのノルディック学派だけでなく，産業財マーケティングや戦略的マーケティング，戦略管理論など，13の分野で研究されている。研究分野が多岐にわたるためその分価値共創の定義は多義的になっており，たとえばMcColl-Kennedy *et al.*（2012）は27の定義を列挙している。したがって，S-Dロジックのように顧客が価値を創造するので

あって企業は価値提案するのみであるという前提で消費プロセスに焦点を絞る研究もあるが，本章では生産プロセスと消費プロセスを区別することにあまり意味はないと考える。その理由は，以下の事柄による。顧客が価値を創造する，つまり顧客が製品・サービスの使用体験を通してその価値（使用価値）を知覚するということは，「使用してもらえなければ顧客は価値を創造しえない」ということになる。また，使用しても顧客が価値を知覚しなかった場合，もしくは過小評価した場合は，次からその製品・サービスは購買してもらえないだろう。

このように考えると，現実的には生産プロセスへの顧客参加もありえるわけだから，生産プロセスと消費プロセスという2つのプロセスの区別よりも，顧客がさまざまな体験を重ねていくというコト・プロセスに注目し，コト・プロセスで顧客に体験価値や感情価値を知覚してもらうために，企業は生産プロセスや購買プロセス，消費プロセスで何をすべきかということを考えることが求められる。

たとえば，生産プロセスでは，特別な体験価値を知覚してもらうための道具として製品・サービスをどのようなものにしたらいいのかということを考える必要があるだろう。そのためには，顧客とのインタラクションが求められるかもしれない。また，購買プロセスでは，顧客に将来的な（使用）価値について正しい期待をしてもらえるような顧客とのインタラクションが求められるだろう。2分法（生産プロセスと消費プロセス）でいうところの消費プロセスでは，顧客に体験を重ねてもらうために，顧客の購買後もさまざまな顧客とのインタラクションの場を設定して，特別な体験価値を臨機応変に提案し続けることが求められるだろう。

コト・プロセスの中で企業は何をすべきかということを明らかにする前に，次節では，市場調査や競合分析を行い競争に勝つにはどういう策を打つかというようなマーケティング戦略は一切行わないというスノーピークのケースを見てみよう。同社は，顧客とのインタラクションを重視し特別な体験価値を提供し続けている企業である。

III. スノーピークのオートキャンプ事業

1. オートキャンプ・ビジネス

　スノーピークは，創業1958年の新潟県三条市に本社のあるアウトドア用品やナチュラルライフスタイルプロダクツ製造販売を事業内容とする，アウトドア総合メーカーである。オートキャンプのスタイルを最初に提唱し，オートキャンプ向けのテントやファーニチャー，調理器具などの製品を同時に開発し，ユーザーの支持を得ている。

　1958年の創業は金物問屋「山井幸雄商店」として，山井幸雄によるものである。三条市と燕市は日本を代表する金属加工産地である。ここを地盤とした産地問屋は，生産者からの製品を収集し生産者に代わって販売業務を行うだけでなく，生産者向けの原材料調達，資金の貸付け，デザイン等の製品企画を行なったり，生産工程が細分化され専門業者ごとに分業化されている場合にはそのコーディネートなど，多様な機能を果たしてきている。

　このような産地問屋としての山井幸雄商店は登山用品や釣り具などを手がけるとともに，幸雄自身の趣味が登山であったため，アイゼンなどの登山用金属用具を自ら設計し近隣の加工業者に図面を持ち込んで作ってもらい，自ら使って検証し販売した。このような自ら設計した製品の使用経験を製品開発に活かしていた。こうして，「ユーザーである自分たちが欲しいものを作る」という社風は創業期に生まれた。

　このような山井幸雄商店は釣り具や登山用品が主体の事業だった。その会社に86年，外資系の貿易会社で働いていた山井太が入社した。父の会社に入社するからには何か父とは別の新たなことを展開できなければ意味がないと考えていた山井太は，登山用品ではなくアウトドアのテント開発に取り組んだ。さらに，山井太自身がもともとアウトドアが大好きだったというのも大きな理由だった。「キャンプというのは本当はぜいたくで豊かな時間を過ごすものなの

に，当時のキャンプ用品は粗悪なものが多くて……。自分が欲しいものを作ってくれる会社がなかったので，スノーピークをそういうブランドメーカーにすればいいじゃないかと思ったのが動機でした。」[4]と語っている。

　その姿勢は，同社の「ユーザーである自分が欲しいものを作る」というマインドそのものであった。当時80年代後半，市場では9,800円と１万9,800円のテントしかなく，いずれも雨が降ると雨漏りがし，風が吹くとつぶれることが多かった。アウトドア愛好家は天気に関係なくキャンプがしたい。ゆえに，キャンプ前は雨が降らないことを祈り，キャンプ中に天気が崩れると安心してキャンプができない。それが，当時の常識だった。

　そこで，山井太は，「もっとしっかりとしたテントやキャンプ用品が欲しい」という強い想いのもと，資金に糸目をつけず最良の素材とテクノロジーを注ぎ込んで，自ら納得のいく最高品質のテントを作った。自信作だったがコストをかけた分値段は高額になった。16万8,000円である。一桁違いの値段である。社員の誰からも売れないと冷笑されたが，実際には初年度で100張ほどが売れた。

　その後，88年にスノーピークは，キャンプといえば山登りだけだった時代に，SUV（多目的スポーツ車）に乗ってアウトドアを楽しむ新しい価値観のキャンプを提唱し普及させていく。当時，キャンプ用品はそれぞれが別々に設計されていた。そのため，統一感に欠けテーブルと椅子の高さが合わないといった問題が生じていた。また，80年代末は自動車の年間登録台数のうち約10％がSUVになっていて販売台数が伸び，全国にできたオートキャンプ場に出かけることも流行となった。そこに注目し，オートキャンプを提唱していたのである。

　スノーピークの製品群はSUVの積載容量を基準としたデザインを志向し，キャンプライフ自体を楽しむという価値を訴求する野外生活用具である。テントは設営に必要な時間を大幅に短縮するつくりである。持ち運ぶときのサイズもコンパクトにし，SUVのラゲージにちょうど入る大きさに設計されている。その一方で設営後のスペースは従来よりも広くなった。さらにテントをベッド

ルームにし同時にターフを組み合わせることで，リビングキッチンのスペースを創出する。そこで使用されるテントやイス，テーブルは共通規格で設計され，デザインも統一されている。そのため，テント同士をつなげるなど商品を組み合わせて使えるようになっている。リビングキッチンもシステム性にこだわり，使い勝手がよく収納が簡単でコンパクトになっている。スノーピークが提案するオートキャンプは，徹底的にキャンプにリッチな価値観を導入することによってユーザーの支持を集めた[5]。

製品開発は，フィールドテストを徹底した。サンプルを作って「仮説－検証」プロセスを何回も行い，必要なスペックを見極めていった。フィールドテストを基に，フィールドで快適に過ごすための「快適基準寸法」を独自につくり上げていった。この快適基準寸法を基に製品ラインを展開し，リビング，キッチン，ドームテントを効率よくレイアウトするSLS（スノーピークレイアウトシステム）を提唱した。たとえば，テーブルにしても，日本人の体格で気持ちよく使えるテーブルの高さになっている。フィールドテストの結果，快適標準寸法を660mmに決め，以降，スノーピークの全製品は，この寸法を基準としたサイト運営を前提にデザインされている。スノーピークは，新しいキャンプの楽しみ方に合致した製品を「世界で初めて」「どこにもない」にこだわりながら作り，新たな市場を創造してきた。

このように，88年にオートキャンプの製品を発売すると間もなく注目を集め，直感したとおりブームになった。5年後には日本のオートキャンプ人口が2,000万人に達した。

92年には，アウトドア雑誌にエポックメーキングな存在として特集で取り上げられ，86年に5億円ほどだった売上は，93年には25億5,000万円，経常利益は3億5,000万円に達した。しかし，ブームの終息に伴い，94年から99年まで6期連続で売上は減少し，14億5,000万円に，経常利益は4,000万円まで落ち込んだ。

その主因は，キャンプ・ブームを支えた団塊世代が子供の成長とともにファミリーキャンプ市場から抜けていったからである。アウトドア業界は，トレッ

キングやカヌー，自転車など何らかのブームが起きている。製品にしても，ダウンウェアがブームの年もあればフリースがブレイクする年もある。小売店も，その時の流行を仕入れて売るというところも少なくなかった。そのためキャンプ・ブームの沈静化とともに，アウトドアの小売店からも「キャンプ市場は終わった」，「スノーピークはキャンプ用品の会社だから来なくていいよ」と言われ，山井太も社員も「スノーピークの社会的な存在意義はまだあるのか」と迷うようになった。

そんななかである社員が，「自分たちの存在意義はよくわからないが，それでもユーザーの顔を見ると仕事を頑張れる」と言った。それをきっかけに，「スノーピークでユーザーとキャンプを楽しもう」ということになり，イベントの構想がスタートした。アウトドア雑誌に「スノーピークとキャンプしましょう」というコピーで1ページ広告を出した。応募数はわずか30組だけだった。反響は小さかったが，スノーピークの熱狂的な愛好者が集まってくれた。こうして，98年に本栖湖で1回目のスノーピークウェイを開催した。少なさゆえに参加者は，幹部社員全員と1つの焚き火を囲みながらさまざまな話をした。

2．チャネル改革

スノーピークウェイでの顧客の声は強烈であった。スノーピーク製品は品質はいいのだが，価格が高い。システム化された製品群なのに店頭での品揃えが悪い。この2つの意見は，参加者全員の一致した意見であった。1つ目の価格だが，高くても売れていたのは，最高品質の製品を作っているのはスノーピークだけだったので，選択の余地がなかったからである。たとえば，テントは10万円。問屋を介して小売店で売られていたため，価格コントロールができなかった。そのため，店頭では2割引で8万円で販売されていたが，それでも顧客は高いと感じていた。

2つ目の品揃えについて。問屋経由の場合も含めて取引先は約1,000店。この中でスノーピークの製品すべてを取り揃えている店舗はなかった。原因は，

問屋を介していたため流通をコントロールできていなかったからだ。当時，販売店は大方が経営効率化のため人員削減を行っていた。そのため販売店でスタッフを探しても見つからないとか，スタッフがいても顧客の方がスノーピークの製品をよく知っている，といったことが珍しくなかった。

　顧客は製品の品質には満足している。そのため，品質を下げずに価格を下げる。同時に，店頭での品揃えをよくする。スノーピークウェイで聴いた顧客の声に応えるには，これらを実現する方法しかなく，別の手立ては思い浮かばなかった。

　価格の割高感と品揃えの悪さの問題をどう解決するか。カギは問屋であった。まず，価格を下げるために，小売店と直接取引することで流通コストを削減することを考えた。試算によって，問屋介在時の小売価格 8 万円のテントが直接取引によって 5 万 9,800 円で販売できることが分かった。品揃えについては，50 万人商圏に 1 店舗の割合で全国に店舗を配置していくと，250 店舗ほどで欠品のない効果的な流通を構築できることが分かった。つまり，直接取引による専門店のネットワークを構築することで，顧客の声に同時に応えることができることが分かったのである。

　アウトドア業界ではキャンプ・ブームは終わったと思われていたため，この販売網の切り替えは思ったほど大きな抵抗もなく進んだ。

　また，直接販売のネットワークという理想の販売網を構築するために，地域ごとに正規特約店候補のリストアップを行った。基準は，きちんと対面接客ができていて，他社の製品とどこが違うのかを説明しながら販売してくれているという点だった。当時，各地の小売店経営者は「オートキャンプ市場を創造・リードしてきたパイオニア」としてスノーピークを認めて，本気で取り組んでくれた。大きな販売戦略の変更は顧客の声を信じて行った。顧客の声が正しければ，必ず結果はついてくると考えたからだ。店舗数は 4 分の 1 に減ったが，2000 年からは売上が再び増加に転じた。

　2003 年からは，スノーピークの直営店（スノーピークストア）を出店。2005 年からは，正規特約店の上位店舗を中心にスノーピークストアをインストアで

展開している。

3．ユーザーとの絆づくり

　スノーピークと顧客の関係を見てみよう。スノーピークは，顧客との絆づくりにとても力を入れている。それは，スノーピークの存在意義を常に認識しているからである。つまり，ユーザーのためにある企業としてユーザーを幸せにすることを目指している。その製品を使って感動する体験を提供できるという製品力によってコアのファンができる。この実際に使ってくれた人たちの口コミで新しいファンができる。したがって，スノーピークは顧客の期待を裏切ることはできない。それゆえに，同社はミッション・ステイトメント[6]に愚直にこだわっている。

　スノーピークは顧客との距離が近いといわれるが，それは98年に開催したスノーピークウェイのもつ意義が大きい。これは，キャンプ・イベントで焚火を囲みながらトップを含めたスノーピーク社員たちが単に顧客と交流できたというレベルではない。ユーザー自身がスノーピークとの距離を縮めて，いろいろなことを話してくれたことは大きい。

　そのスノーピークが顧客と接する場は3つある。1つは，98年から続いているスノーピークウェイ。2つ目は，スノーピーククラブというSNS。3つ目は，店頭である。

　スノーピークウェイは，既述のように当初30組の参加であったが，今では年6回，2泊3日で，全国各地で開催されている。人気が高く，毎回抽選になるが，年間で5,000人ほどが参加する。期間中はさまざまなイベントがあるが，焚火を囲んで行う焚火トークは，不可欠なイベントである。そこでは，アウトドアの楽しみ方について語るだけではなく，スノーピーク製品についてさまざまなレビューをしてもらう。ここで得られるユーザーの声を既存製品のブラッシュアップに活かしている。新製品の開発にあたっては，ヘビーユーザーでもある社員が試作品を徹底して使い込みながら開発しているが，ここで得られる

顧客の声の中には，開発当初想定できなかったものもある。こうした声に真摯に応えることで，既存製品の製品力をさらに高めていくのである。

スノーピークウェイは回数の限られたユーザーとの交流であるが，SNSのスノーピーククラブは，日常的なユーザーとのコミュニケーションの場である。プロダクトレビューやアウトドア料理レシピ，おすすめキャンプ場など，さまざまなトピックに関しユーザー同士の情報交換が行われ，ここでも同じスノーピーク製品のユーザーとして顧客同士が自発的につながっていく。また，SNSでは行き違いによる炎上が起こりうるが，スノーピーククラブでは，炎上したとしてもしっかりとコミュニケーションすることを重視している。製品価格を値上げした際に炎上したことがある。スノーピークは値上げの理由をしっかりと説明する。それで買うか買わないかはユーザーに任せる。売れなければその事実をスノーピークは真摯に受け止める。ここでも，ユーザーに対する誠実な姿勢が見てとれる。

3つ目の店舗であるが，スノーピークの特徴であるスタッフによる丁寧な接客による販売形態は，3つある（図表5-1）。1つ目は，直営店であり，スノーピーク製品の世界観をトータルで表現する場である。ここではスノーピークの社員が，直接顧客に説明しながら販売する。2つ目は，インストアである。取引先であるスポーツ量販店などで店内に30坪ほどのスノーピーク専用コーナーを設置し，スノーピーク製品だけでなくアウトドアに関する専門知識も豊富なスノーピーク社員が常駐し直接接客することで，ユーザーニーズに合わせた提案が行える。この2つの形態の店舗を「スノーピークストア」と称している。3つ目は，ショップインショップと言われる形態で，取引先であるスポーツ量販店などの店頭で，スノーピーク専用のコーナー（15坪〜20坪）を設置し販売する。ただし，販売員はスノーピーク社員ではなく量販店等の販売員であるが，スノーピーク製品の使い方などに関する教育・研修を受けスノーピークマイスターとして認定された販売員である。彼らは，スノーピーク社員と同等のレベルで顧客にスノーピーク製品の特徴を伝えることができる。

このような高いレベルの接客が可能な社員やスタッフを配することで可能に

図表 5-1 スノーピークの小売形態

販売区分	販売形態	主な特徴	店舗面積
小売	直営店（スノーピークストア）	スノーピーク（以下、SP）のスタッフが直接運営する店舗において、SPが直接運営する顧客に説明しながら販売する。	30～120坪
小売	ECサイト	ホームページにて運営するオンラインストアによる通信販売。	―
卸売小売	インストア（スノーピークストア）	スポーツ量販店やアウトドア専門店等（以下「母体店」）に設けられたSP製品のコーナーにSPスタッフが常駐し、SP製品の特徴について顧客に説明しながら販売する。SP製品だけでなくアウトドア全体に関する知識の豊富なSPスタッフが顧客とのつながりをもつことにより、母体店にとっても集客力の向上、売上高の増加につながり、Win-Winの関係を構築できる。	30坪程度
卸売	ショップインショップ	母体店にSP製品のコーナーを設けていることについてはインストアと同じだが、SPスタッフの常駐ではなく、母体店のスタッフがSP製品を販売する。SP製品の使い方等に関する教育・研修を受けSPマイスターとして認定された母体スタッフがSP製品を販売することにより、SPスタッフと同じレベルで顧客にSP製品の特徴を伝えることが可能になっている。	15～20坪
卸売	ディーラーへの卸売	スポーツ量販店やアウトドア専門店等を多店舗展開するディーラーへの販売である。販売先のディーラーが運営する各店舗において、SP製品がエンドユーザーに販売される。ただし、各店舗においてSP製品の専用コーナーは設けられていない。	―

(出所) スノーピーク有価証券報告書（平成28年度）の表をもとに筆者作成。

なったのは、ユーザーのさまざまな要望への対応や提案だけではない。スノーピークはアフターサービスにも力を入れている。週末のキャンプで壊れた用品を次の週末でのキャンプに使えるよう、スピーディーな修理体制が本社を中心に構築されている。店頭では、比較的容易に修理ができかつ修理依頼の件数が多いものを中心に、スノーピークストア店長に修理技能を教育し、店頭での即日修理を可能にしている。これも徹底した顧客の幸せ追求の一環である。

このような、スノーピークは顧客との関係を密にし、顧客とのコミュニケーションを経営に活かしている。

IV. スノーピーク事例分析

スノーピークの事例を分析してみよう。

1. 独自の製品群開発による価値創造

まず、最高品質のテントを開発するまでの経緯を分析する（図表5-2）。ヘビー・キャンパーとしての山井（太）は、父とは何か別の新しいことを展開しなければ父の会社に入社する意味はないと考えていた。そこで、趣味のアウトドア用のテント開発に取り組んでいる。自身がユーザーとして欲しいものを作るのは、同社の文化である。アウトドアを楽しむ経験の積み重ねから、山井には「キャンプは本来ぜいたくで豊かな時間を過ごすものだ」という理想があった。そのため、現状のキャンプ用品の常識はおかしいということに気づいていた。キャンプの理想を実現するためには、「もっとしっかりとしたテントやキャンプ用品が必要だ」という強い想いを抱いていた。そこで最初に取り組んだのが、テントである（図表5-2①）。天候に左右されずに安心してキャンプがしたいというアウトドア愛好家の願いをかなえられるテントの開発のために、資金に糸目をつけず最良の素材とテクノロジーを注ぎ込んで、燕三条の工場と共に自ら納得のいく最高品質のテントを作った。非常に高額な高級テントに

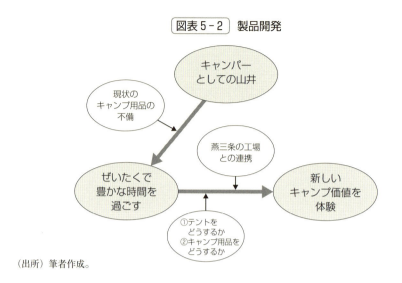

図表5-2　製品開発

(出所) 筆者作成。

なったが、売れないだろうというまわりの予想に反して100張も売れた。

　テントの次に取り組んだのが、料理器具などのキャンプ用品である（**図表5-2②**）。キャンプで「ぜいたくで豊かな時間を過ごす」には、最高品質のテントだけでは不十分である。同社としても、新たな事業を展開するにはアウトドアのキャンプ関連製品の開発に目をつけてもおかしくない。当時は、SUVブームである。全国にできたオートキャンプ場にSUVに乗って出かけるというトレンドがあった。その一方で、現状のキャンプ用品はそれぞれが別々に設計されていたために、テーブルとイスの高さが合わないなどの問題があった。その当時としては仕方のないこと、当たり前のことであったが、それが認知的不協和であることに気づいていたことが、独自のキャンプ用品を制作する源泉になった。

　まず、SUVでのオートキャンプという新しいアウトドアのスタイルを提案するため、SUVの積載容量を基準としたデザインを志向している。具体的には、共通規格でテントやイス、テーブルを設計し、デザインを統一している。統一した結果、テント同士をつなげるなど製品を組み合わせて使うという新し

第5章 コト・マーケティングと価値創造　119

い使い方の提案が可能になった。その共通規格というのも、スノーピーク独自のものである。製品開発はサンプルを作ってはフィールドテストを徹底して行い、フィールドで快適に過ごすための「快適基準寸法」を独自に作り上げた。この快適基準寸法を基に、製品ラインを展開し、リビング、キッチン、ドームテントを効率よくレイアウトするSLSを提唱した。

このような感動の顧客体験を提供する製品群を開発してきたスノーピークであるが、オートキャンプのブームが去ると右肩上がりだった業績も急変してしまう。悪化した経営を立て直すきっかけになったのが、98年に開催されたキャンプ・イベントのスノーピークウェイである。次は、その後のチャネル改革について分析をしよう（図表5-3）。

2．チャネル改革による価値創造

「スノーピークの社会的な存在意義はまだあるのか」と社員も悩むほど、同社の業績は悪化した。そのような状況で、「自分たちの存在意義はよくわから

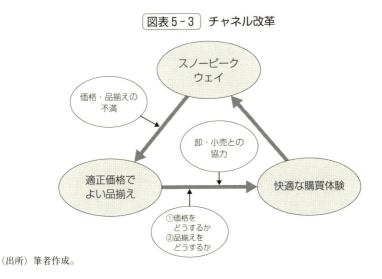

図表5-3　チャネル改革

（出所）筆者作成。

ないが，それでもユーザーの顔を見ると仕事を頑張れる」という社員の一言がきっかけで開催した第1回目のスノーピークウェイで，参加者数としては少ないがスノーピークの熱狂的な愛好者たちと幹部社員全員とが1つの焚き火を囲みながらさまざまな話をした。

わずか30組が参加のスノーピークウェイであったが，そこでの顧客の声は強烈だった。スノーピーク・ファンの言いたかった点は，「製品品質はいいのだが値段が高い」ということと，「システム化された製品群なのに店頭での品揃えが悪い」という2点だった。なぜそうなるのか，現状を分析した。

まず，価格について。高くても売れていたのは，ハイエンドな製品を作っているのはスノーピーク1社だけで，他に選択の余地がなかったから。競争相手がいないのに価格が高いのはなぜか。意図的に高価格に設定していたのではない。問屋を介して小売店で販売していた。たとえば，店頭価格10万円のテントは2割引で8万円で売られていた。それでも顧客は高いと感じていた。高価格でかつ割引販売，それは価格コントロールができていなかったからであった。

次に，品揃えについて。取引先は問屋経由の場合を含めて約1,000店。その中にスノーピークの製品をすべて取り揃えている店はなかった。その理由は，問屋を介して商品を流していたので，店頭までのチャネルをコントロールできていなかったからである。そのため，店頭でお客様からスノーピーク製品の説明を求められても，対応の水準は店舗に依存せざるを得なかった。

価格と品揃えの問題を解決（**図表5-3**①，②）して，顧客にとって喜ばしい購買体験を提供するにはどうしたらいいのか。そのために出てきた結論が，チャネル改革であった。価格に関しては，小売店との直接取引によって流通コストを削減した。上記の10万円のテントは直接取引によって5万9,800円で販売されるようになった。

品揃えについては，取引小売店の絞り込みを行った。まず，店舗数であるが，50万人商圏に1店舗の割合で全国に店舗を配置していくと，250店舗ほどで，欠品のない効果的な流通を構築できることが分かった。そのため，地域ごとに正規特約店候補のリストアップを行った。基準は，きちんと対面接客ができて

いて，他社の製品とどこが違うのかを説明しながら販売してくれているという点だった。当時，各地の経営者は「オートキャンプ市場を創造・リードしてきたパイオニア」としてスノーピークを認めて，本気で取り組んでくれた。

「大きな販売戦略の変更は顧客の声を信じて行った。顧客の声が正しければ，必ず結果はついてくると考えた」と，山井は述べている。店舗数は4分の1に減ったが，直接取引による専門店のネットワークを構築することで，2000年からは売上が再び増加に転じた。

3．顧客との絆に基づいた価値創造

顧客との絆づくり活動の中で，スノーピークは独自のマーケティングを行っている。最初に製品開発について見てみよう（図表5-4）。製品の開発は，山井太の最高品質テントの開発と似ている（図表5-2）。ヘビーユーザーである社員が開発リーダーとなり，燕三条の工場と協力しながら製品を開発している。試作品をヘビーユーザーである社員がフィールドテストをしながらつくり上げ

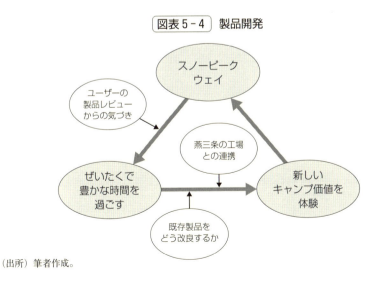

図表5-4 製品開発

（出所）筆者作成。

た結果，それぞれの製品が感動品質の製品になるのだが，それで終わりではない。スノーピークウェイでは，参加したスノーピーカーと言われるスノーピーク製品のヘビーユーザーたちから，製品の使い勝手などについてさまざまな意見を聞くことができる。ここ得られる顧客の声の中には，開発当初想定できなかったものもある。そうした声に真摯に応える形で，既存製品の改良に活かし製品力を高めていく。その製品を使うことでユーザーはさらに体験価値を創造していく。

2つ目は，スノーピークウェイである（図表5-5）。これは，純粋にユーザー交流を目的として年6回開催されている。ユーザーへのスノーピークの感謝イベントでもあり，ユーザー同士の交流のイベントでもある。このイベントが常に楽しいイベントであり続けるために，同社は，社員自身の気づきや参加者の声からの気づきを次のイベント運営に活かしている。そうして構築したイベント運営のノウハウを基に，スノーピークウェイは開催されている。そのようイベントの参加者は，社員や他のユーザーとの楽しい交流を体験する。

3つ目は，SNSのスノーピーククラブである（図表5-6）。ユーザーとの

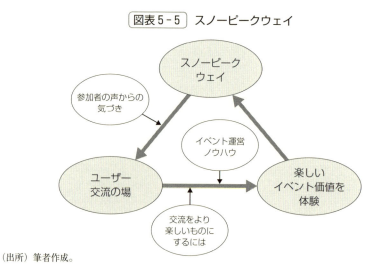

図表5-5　スノーピークウェイ

（出所）筆者作成。

図表5-6 スノーピーククラブ

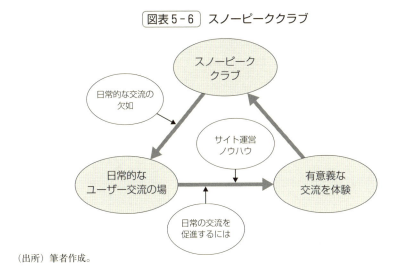

(出所)筆者作成。

交流の場として，スノーピークウェイでは回数に限りがあるため，日常的なユーザーとのコミュニケーションの場として，スノーピーククラブがある。スノーピークも製品情報などを提供しているが，製品をはじめとしたさまざまなキャンプに関するトピックに関してユーザー同士の情報交換が行われ，顧客同士が自発的につながっていく。スノーピーククラブの運営を通して，同社はたとえSNS上で炎上したとしても，ユーザーに対して誠実な態度で臨むことの重要性に気づいている。さまざまなトピックも，クラブのメンバーがスムーズに交流できるための工夫の1つである。サイト運営ノウハウのおかげで，ユーザーはここで有意義な情報交換の体験をすることができる。

最後に，店頭での接客販売である（**図表5-7**）。チャネル改革以降，小売販売の形態は，スノーピーク社員が常駐する直営店のスノーピークストア（直営店と取引先小売店のインストア）とスノーピークマイスターのいるショップインショップの2つで展開されている。初回のスノーピークウェイで気づかされたことは，店頭での接客の重要性である。一言で言うと，店頭は頼れる売場で

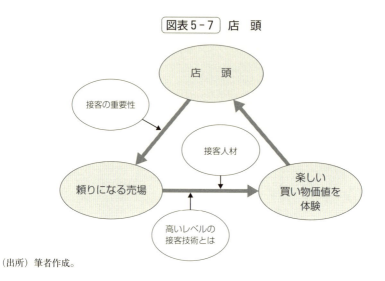

図表5-7 店頭

(出所) 筆者作成。

なければならない。スノーピーク製品がいくら良くてもそれをしっかりと説明できなければ,顧客は同社の製品を理解しない。売場では,スノーピーク製品を含めたアウトドアに関する豊富な専門知識をもった社員やスノーピークマイスターが,対話を通して顧客のさまざまな要望に応える。また,スノーピークストア店長は修理技能を修得しているので,製品によっては即日修理を可能にしている。このような接客サービスによって,顧客は店頭での購買時に体験価値を創造している。

V. コト・マーケティングと価値創造

前節でのスノーピークの事例分析の結果をまとめてみると,図表5-8のようになる。スノーピークは,第1回のスノーピークウェイ以降,顧客との「絆づくり」を特に大事にしている。顧客の声を基にチャネル改革は成功し,その後の成長につながっている。製品開発のヒントもスノーピークウェイでの顧客の声からである。

図表5-8 コト・マーケティングのモデル

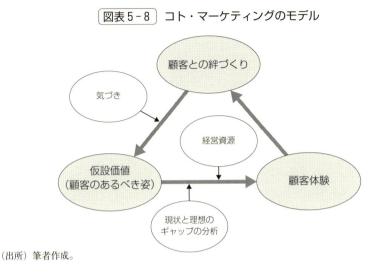

(出所) 筆者作成。

　スノーピークウェイはキャンプ・イベントであるため回数に制限があるが，日常のユーザー交流をSNSのスノーピーククラブで実現させている。また，店頭も顧客としっかりしたコミュニケーションの場と位置づけている。このような，同社は絆づくり活動の場としてこの3つの場の充実に力を入れている。
　このコト・マーケティングの活動と価値創造（図表5-8）に基づいてスノーピークの分析結果を整理したのが，図表5-9である。最初に大きな変革としてのハイエンド・テントをはじめとしたオートキャンプ製品の開発とチャネル改革について見てみよう（図表5-9①・②）。
　アウトドア事業展開の当初からの新製品開発は，山井も含めてキャンプが趣味の社員が作り手ではなくユーザーの論理で行っている。ユーザー自身が新製品開発を行っているといってもいいだろう。これも，顧客重視の姿勢である。
　顧客との絆づくり活動と同時に，顧客から学ぶという顧客学習から何らかの「気づき」を得て，顧客のあるべき姿（「仮説価値」）を描き出している。ユーザー視点があったから山井は当時のキャンプ用品の常識のおかしさに気づいてキャンプのあるべき姿を求めて一連の製品を開発している。チャネル改革も，

顧客との対話から熱烈なファンの存在と彼らに応えることの大事さに気づき，ユーザーの製品入手のあるべき姿とそれを実現できるチャネルを描いている。

ここで言う仮設価値とは，本来顧客が体験・判断する価値を企業が事前に仮に設けて想定した価値のことである。仮設価値を描き出すということは，未来の顧客体験の方向性を明確にすることでもある。ゆえに，未来と現状の「ギャップ分析」を行い，ギャップを埋めていくために「経営資源」を活用する。新製品開発では，キャンプのあるべき姿を実現できる製品を開発するために，山井は資金に糸目をつけずに協力工場と妥協せずに取り組んでいる。チャネル改革も，問屋介在に始まる諸問題の解決のために取引先との調整に取り組んでいる。

ユーザーとの絆づくりから仮設価値実現のための経営資源活用にいたる一連の活動は，ユーザー自身のキャンプライフの質向上につながるはずで，その方向性が間違っていなければ，ユーザーはキャンプの体験価値を創造もしくは共創することになる。

次に，簡略的にではあるが日常の活動を見てみよう（図表5-9③〜⑥）。

製品開発は，スノーピークウェイでの顧客の声がヒントになり改良されることもある。顧客の声には，新製品開発段階で想定しなかったこともある。顧客との絆を基に製品力を一層高めることになる。

スノーピークウェイは，純粋にユーザー交流の場である。同社の立て直しのきっかけは初回のスノーピークウェイでの顧客の声である。毎回参加者を飽きさせない努力を積み重ねているし，常に顧客の声に耳を傾けるべく，多数の社員が参加している。

スノーピークウェイが年6回と開催に限りがあるため，日常的なユーザー交流の場として，スノーピーククラブ（SNS）が設けられた。ユーザーが積極的に日常的な交流を行う状態を目指している。そのために，サイト上で炎上することがあっても閉鎖することなく誠実に回答対応している。ユーザー交流を盛んにするために，ユーザーにとって必要な情報をやり取りできるように，さまざまなトピックが立てられている。

第5章　コト・マーケティングと価値創造

図表5-9　コト・マーケティングと価値創造

		ビジネス・プロセス			絆づくり活動		
		①新製品開発	②チャネル改革	③製品開発	④キャンプ・イベント	⑤SNS	⑥店頭
コト・マーケティング	絆づくり	ヘビー・キャンパーとしての山井	スノーピークウェイ	スノーピークウェイ	スノーピークウェイ	スノーピーククラブ	店頭
	気づき	キャンプ常識との認知的不協和	熱烈なスノーピーク・ファンの存在と彼らの不満	開発時には予想外のユーザー批評	イベントに関する参加者の声からの気づき	日常的なユーザー交流の場の欠如	接客の重要性
	仮説価値	ぜいたくで豊かな時間を過ごすキャンプ	適正価格で必要なものが必要な場所で必要なだけ買える	感動品質のさらなる向上	純粋なユーザー交流の場	日常的なユーザー交流の場	頼りになる売場
	ギャップ分析	天候に左右されるテント、使い勝手の悪い一連の製品	高い価格 乏しい品揃え 問屋の介在	既存製品への不満・不安・願望	イベントへの不満・不安・願望	交流停滞要因の分析	接客レベル
	経営資源活用	自社デザイン＋燕三条の協力工場	チャネル・マネジメントのための経営資源配分	自社デザイン＋燕三条の協力工場	イベント運営ノウハウ	SNS運営ノウハウ＋協力サイト	人材育成のノウハウ
	顧客価値	素晴らしいキャンプ体験	快適な購買体験	製品の使用体験→キャンプ体験	社員やユーザー同士のリアルな交流体験	日常での他のユーザーとの交流体験	楽しい購買体験
				コト・プロセスの中でのコト価値			

(出所) 筆者作成。

店頭では，顧客の求めることに対してしっかりと対応することが大事である。たとえば，買い物に来た顧客にスノーピーク製品の特徴をしっかりと説明する，ちょっとした修理なら店内で行う。ユーザーは，買うのも，相談するのも，修理に出すのも，このお店で，となる。それが，顧客にとって頼りがいのある売場である。

このような絆づくり活動の結果，ユーザーは，楽しいキャンプ体験や製品の使用体験，ユーザー交流体験，購買体験に価値を創造もしくは共創することになる。見方を変えると，キャンプ用品を調べたり買ったり，キャンプに関連することについて調べたり，実際にキャンプを楽しむというユーザーの一連のコト・プロセスに，スノーピークはしっかりとインタラクション・ポイントを設けているということが分かる。

以上のスノーピークの事例考察から，コト・マーケティングの価値創造活動について最終的に言えることは次のことである。

図表5-9の下部に示されたさまざまな顧客価値は，コト・プロセスの中でのコト価値である。そのため，コト・プロセスの中のコト価値を顧客が創造するには，**図表5-9**の上部①から⑥のように企業のビジネス・プロセスの中でどのような絆づくり活動をするかということが重要になる。

つまり，ビジネス・プロセスでのインタラクション・ポイントを設定し，そこで絆づくり活動を行う。その活動と同時に顧客学習から気づきを得て，顧客のあるべき姿（仮説価値）を描く。その理想と現状のギャップを分析し，ギャップを埋めるために経営資源を投入する。具体的には，製品・サービスなどの開発になるが，その製品・サービスを使って，顧客は感動的なコト価値を創造することになる。その結果，顧客はさらに企業との絆を深めていく。

このようにコト・マーケティングは，ビジネス・プロセス全体を通して顧客との絆づくりを行い，そこでの気づきから顧客のあるべき姿（仮説価値）を描き，つまり，絆を育んだ顧客の観察から独自の方向性を決め，現状とそのギャップを分析し，経営資源を投入してギャップを埋めるように製品やサービスなどを開発する活動であるといえる。

図表5-10 コト・マーケティングの展開

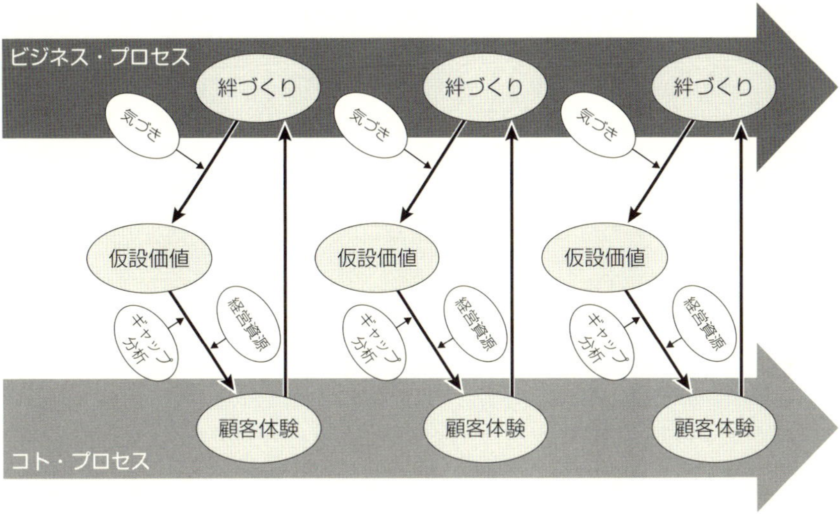

(出所) 筆者作成。

　これを戦略的に考えると図表5-10のように，コト・プロセスにおいてさまざまな顧客体験を提供し体験価値を顧客に創造してもらうために企業は，ビジネス・プロセスを構成する複数の工程で絆づくり活動を行い，それを起点として仮設価値を創造し，さまざまな顧客体験を提供することが求められている，と言えよう。

VI. 顧客と響き合うマーケティング

　スノーピークの事例を基に，顧客価値を創造するためのマーケティングを考察してきた。顧客と距離を置いて分析するのではなく，絆を育み，気づき，働きかける。顧客が喜ぶであろう状態（仮設価値）を実現するための手段として製品やサービス，イベントなどを提供する。顧客はこの働きかけに応じることで，顧客価値を創造する。しかも，体験プロセス（コト・プロセス）もしくは

生活プロセスの中で，複数の顧客価値を創造する。そのことで，さらに顧客は企業との絆を深める。このようなループのもとで，マーケティング活動を行う企業も変化する。

　本章で明らかになったことは，企業と顧客が共に自身を取り囲む環境の一部として影響を与え合うことで，互いに変化するということだ。今後の課題は，客体の分析に基づいた戦略とは異なる経営戦略やマーケティング戦略とコト・マーケティングとの整合性を明らかにすることである。

●注
1　この定義は2004年と2007年に変更され，現在ではより広範なステークホルダーとの関係性の構築を志向することがマーケティングであるとされるようになってきている。しかし，それでも研究上交換概念の重要性は変わってないと，水越（2011）は述べている。
2　嶋口（1994），47頁。
3　嶋口（1994），47頁。
4　中川・西沢（2011），60頁。
5　山井（2014），24頁。
6　ミッション・ステイトメント「スノーピークウェイ」は以下の通りである（山井太（2014），13頁）。
　　私達スノーピークは，一人一人の個性が最も重要であると自覚し，同じ目標を共有する真の信頼で力を合わせ，自然指向のライフスタイルを提案し実現するリーディング・カンパニーを作り上げよう。私達は常に変化し，革新を起こし，時代の流れを変えていきます。
　　私達は自らもユーザーであるという立場で考え，お互いが感動できるモノやサービスを提供します。私達は，私達に関わる全てのものに，良い影響を与えます。

第6章
コトによる社会的価値の創造
―社会的課題をコトのテーマにして

I. 社会的課題とコト・マーケティング

　多くの企業は，社会的課題に対しCSR（企業の社会的責任）として副次的に取り組んでいる。近年，石井（1991）のベンチャー型のCSR活動や，Porter and Kramer（2011）のCSV（共通価値）のように，社会的課題に対して本業として取り組む方が結果としてより大きな経済的価値を実現できるという主張も台頭してきた。

　石井は非営利団体など外部の組織との連携に関する3つの要因をあげ，外部の価値観の取り込みが新たなビジネスを生むと主張する。Porter and Kramer（2011）は，社会的価値を追求することで結果的に大きな経済的価値をもたらすと主張する。Porter and Kramerの主張するフレームワークは，経済価値を基準にした戦略の枠組みからのパラダイムシフトの可能性を含むものだと岡田（2015）は指摘する。いずれにしても，企業が本業として社会的課題に取り組む流れができつつあるといって過言ではない。

　では，どのような社会的課題に本業として取り組めばいいのだろうか。石井はそこまで触れてはいない。Porter and Kramerは，自社製品によって解決できるもしくは可能性のある社会的ニーズや便益および害悪に立ち向かうべきだという。また，バリューチェーンに関わる社会的問題の解決や，バリューチェーンに関わる主要地域で取引先等のクラスターを形成すれば地域経済の活性化にもつながるという。しかし，自社製品によって解決できる社会的ニーズ等はどのように見つけることができるのだろうか。Porter and Kramerはそこ

までは言及していない。

　結論から言えば，コト・テーマの設定次第で取り組むべき社会的課題は明確になるのだが，その前にCSRとCSVについてレビューを行う。それに続いてシマノのケースを記述・分析し，コト・テーマを社会的課題に設定することでコト価値によって社会的課題が解決されることを明らかにする。

II．CSRを超えた価値創造

　社会の一員であるはずの企業は，今日その多くがほぼ自己完結的に活動を行っている。そのような状況で，社会に生じるさまざまな課題に対し，多くの企業は自社の中心課題としては取り組まず，CSR（企業の社会的責任）という枠組みで副次的に対応している。しかし，CSRに対して批判もある。

　この企業のCSRに対する批判を超えた企業の価値創造活動がマーケティングや経営戦略で提唱されている。ここではCSRに対する批判とその批判を超えた理論について考察していく。

1．CSRへの批判

　企業の公共的な取り組みは，今日当然の活動だと見られている。なぜなら，企業は社会に生きる一市民であるから，公共的な取り組みは重要なだけでなく，当然の義務である。そして，公共的な取り組みは社会的責任を果たすことにつながるからである。

　しかし，CSRに対する批判が2つある。まず，企業の社会的責任という視点からの批判である。企業は普通に事業活動を行い利益を出すことで十分に社会の役に立っている。そのため，CSRという事業活動以外の活動に利益を回すことは，企業の評判を高めるためのものであり，必要経費だと批判的に認識されている。伝統的立場からすると，顧客に満足度の高い製品・サービスを提供し利益を最大化することが，企業の社会的責任になる。なぜなら，利益と顧

客満足の高い製品の生成は，社員の雇用や賃金，株主への利益還元，国家への納税，顧客への満足のいく製品の提供などを通して，社会への貢献になるからである。この考えに基づくと，普通に事業活動を行うことで十分に社会の役に立っており，CSRという事業活動以外の活動に利益を回すことは，企業の評判を高めるためのものであり，いわば必要経費以外の何物でもないと批判される。もっと強く言えば，本業以外の余分な事業は行ってはいけないということになる。したがって，収益事業として意味をもちえないCSR活動は「趣味的事業」に過ぎず，それでもCSR活動が行われるなら，それは本業の市場が適切に機能していない証拠とみなされ，市場機能の矯正が試みられるべきだということになる[1]。

2つ目は，CSR活動の公共性に関する批判である。CSR活動が行われる分野は，公共性が高く，かつ個々の企業による利益追求を目的とした投資が行われそうもない分野である。つまり，CSR活動は公共性の高い活動であるが，そこに企業の私的利害という価値判断が入り込んでいいのかという問題が生じる。公共性の見分け方やいくら投資するのかという意思決定の段階に，私企業の利害関係が入り込めば公共的分野においてゆがんだ資源配分が行われると考えられるのである。

2．ベンチャー型CSR[2]

以上のような批判のもと，石井（1991）は企業のCSR活動を3つあげている。1つは自己満足型CSRで，「企業としてやるべきだと考えるからやるのだ」という志向でもって行われるタイプのCSR活動である[3]。そのため，伝統的な企業のあり方を主張する立場のみならず，公共性への関わり方の点からも，自己満足型CSRは容易に批判を受ける。

2つ目は，企業が宣伝や企業のイメージを上げるためにCSR活動に取り組む場合がある。マーケティング志向型CSRである。自己満足型CSRと比較すると企業のモチベーションは高くなるだろうが，やはり公共性の問題から批判

される。これら2種類のCSR活動は，企業の業績が低迷したり宣伝やCIの効果が高くないということが分かると，中止される可能性を有する。

3つ目であるが，営利追求組織である企業にとってCSR活動は，矛盾する2つのことが要求される。それは，「私的利益の追求」の要求と「公共的意思決定」の要求である。この矛盾を克服するためにCSR活動を一種のベンチャー事業として考える。ベンチャー型CSRである。CSR活動という企業にとって未知の分野を開拓するという先駆的な事業から得られる知識・情報，考え方の枠組みを企業内にフィードバックするその効果を重視すべきだと石井は主張する。それは，「市民企業」の概念を企業内に徹底させるための工夫としてCSR活動を考える。公共的性格を色濃くもつCSR活動の体験を企業内に組み込むことは，特に私的利益追求の限界を認識しそこに公共的性格あるいは市民意識を持ち込むことが重要だと感じている企業，しかもそれがことのほか困難であると感じている企業にとって非常に有意義である。

ベンチャー型CSRを実現するためには，3つのことが求められる。まず，公共性を反映できる多様なメンバーが参画するということである。次に，多様なメンバーを含めたメンバー間の関係は相互理解が必要となる形に編成される必要性が生じる。そして，意思決定ルールも公共性を反映できるように民主的な形をとることが求められる。これらのことに基づくことで，世間の常識を反映できる組織になると石井は述べる。

3．共通価値

ほぼ自己完結的な存在として活動する企業は，CSRという枠組みで社会と副次的に関わっている。

このような現状に対して社会と企業を再び結びつけるためにPorter and Kramer（2011）は，社会的ニーズや社会的課題に対しCSRではなく，共通価値を追求することで対応することが望ましいと主張する。共通価値とは，「企業が事業を営む地域社会の経済的条件や社会的状況を改善しながら，自らの競

争力を高める方針とその実行である」。その共通価値の追求によって，社会的価値を創造し，その結果，経済的価値が創造される[4]。CSR は伝統的立場から批判されるが，共通価値の追求は戦略論に基づいている。Porter and Kramer は「戦略の本質は，独自のポジションとこれを実現する独自のバリューチェーンを選択することである」と述べて，共通価値を創造する方法を3つあげているが，1つは独自のポジショニングに関わるもので「市場と製品の見直し」である。2つ目と3つ目は独自のバリューチェーンに関するもので，「バリューチェーンの生産性の再定義」と「地域社会でのクラスター形成」である。

1つ目の「製品と市場を見直すこと」を見てみよう。共通価値を創造するために，企業はまず，自社製品によって解決できるまたはその可能性がある社会的ニーズや便益および害悪を明らかにすべきである。たとえば，消費を刺激するために味や量を重視してきた食品メーカーが健康をサポートするために統合的な事業を展開する。このような展開は，先進国でも発展途上国でも可能である。

社会的ニーズを常に探し求めることで，既存市場において差別化とリポジショニングのチャンスを見出し，またこれまで見逃している新市場の可能性に気づくことができる。

2つ目の「バリューチェーンの生産性を再定義すること」を見てみよう。社会的問題（天然資源や水利，安全衛生，労働条件，職場での均等処遇など）には，企業のバリューチェーンに経済的コストを発生させる外部性の可能性がある。その外部性の多くは企業に内部費用を派生させる。それゆえに，社会問題の解決に取り組むことでバリューチェーンの生み出す経済的価値を上げるという共通価値を創造するチャンスが生まれる。

バリューチェーンの生産性に次の2つも大きく関わる。エネルギーの効率的な活用（省エネルギー）と資源（水利や原材料，包装など）の有効活用である。ロジスティックにおけるエネルギー利用は，エネルギー利用技術の向上やリサイクル，コジェネレーションなどさまざまな施策を通じて，バリューチェーン全体でのエネルギー利用が見直されている。

資源の有効活用は，環境意識の高まりや技術革新によって，バリューチェーンのあらゆる部分に浸透し，さまざまなサプライヤーやチャネルにも広がっていくことが見込まれる。

　調達に関しては，ファイブ・フォーシーズ・モデルに従っていえば，サプライヤーへの交渉力を最大限に発揮することが求められるが，サプライヤーとの積極的な協力関係構築を通してサプライヤーの質と生産性を改善するとともに，取引量の増加に難なく対処している企業もある。サプライヤーがパワーアップすると，環境への負荷も劇的に低下し，それによってサプライヤーの効率性がさらに向上する。こうして共通価値が創造される。

　従業員の生産性についても，生活賃金や安全，健康，教育研修，昇進機会が生産性にもたらすプラス効果が認識され始めている。

　ロケーションは，ロジスティクスの低コスト化と情報システムの高度化，市場のグローバル化によって，もはや事業において重要ではないといわれるようになった。ところが，エネルギーや二酸化炭素の排出に関するコストや各国に散らばった生産システムの生産性に関するコストや遠距離調達の隠れたコストが認識されるようになり，生産性に関するロジスティクスの重要性が再認識されつつある。

　そもそも何のためにグローバル化するのだろうか。これまでの常識ではグローバル化とは最も人件費の安い地域に生産拠点を移転し，すぐさま支出を抑えるようなサプライチェーンを設計することであったが，現実には重要な地域に深く根を下ろした企業が，優れた国際競争力を獲得している。

　3つ目は，「地域社会にクラスターを形成すること」である。戦略的に独自のバリューチェーンを選択するということで，特定分野の企業や関連企業，サプライヤー，サービス・プロバイダー，ロジスティック等が地理的に集積した地域であるクラスターを有するケースも多々ある。このクラスターは，企業の生産性やイノベーションに影響を与えるし，クラスターが存在する地域社会にもその経済発展という点で関わってくる。

　企業は，自社の生産性を高めるためにクラスターを形成し，かつクラスター

を構成する条件の欠陥やギャップを解消することで，地域社会と共通価値を創造できる。

ゆえに，企業経営を考えるうえで，クラスターやロケーションを重視するという視点が不可欠になる。企業がその主要なロケーションにクラスターをつくれば，企業の成功と地域社会の成功の関係もより強化される。

4．共通価値を実現可能にする社会経済的収束能力

岡田（2015）は，企業の社会的価値と経済的価値の関係をめぐる CSV 論文の揺らぎ（2つの価値の関係をめぐる異なる3つの因果関係）を指摘したうえで，CSV が競争優位になるためのモデルを提唱する。

まず1つ目の因果関係だが，社会的価値の追求は経済的価値をもたらす原因の1つであるという因果関係である。その根拠として，「共通価値は経済的に成功するための新しい方法である」という Porter and Kramer（2011）の記述である。この視点では戦略の評価尺度が経済的パフォーマンスであるため，CSV は既存の伝統的戦略理論の枠組みで理解できる。

2つ目は，社会的価値の増進が経済的価値を実現する必要条件であるという因果関係である。「その解決策は『共通価値の原則』にある。これは，社会のニーズや問題に取り組むことを通じ社会的価値を創造する」。さらに，「共通価値によって，企業の目は『正しい種類の利益』，すなわち社会的便益を減らすのではなく，創造する利益に向くようになる」と，Porter and Kramer（2011）は主張している。企業利益の実現には社会的価値の増進が必要であると読み取れる。もちろん，戦略の評価尺度は経済的パフォーマンスである。

3つ目は，社会的価値は企業パフォーマンスの結果であるという因果関係であり，前2者とは異なる。共通価値とは「経済的価値と社会的価値を全体的に拡大することである」。また，「企業本来の目的は，単なる利益ではなく，共通価値の創出である」と Porter and Kramer は述べている。そこで岡田（2015）は，「この論理は，既存の戦略理論における持続的競争優位が，純粋に経済的

価値をベースとしている点と整合しない」とし,「この論理を受容するならば,従来の戦略論が目指した持続的競争優位は目標設定として不十分な概念となり,社会的価値を加味した新たな概念として再構築されなければならない」と指摘する。

そこで岡田は,「企業の社会性を包括する新たな因果関係」のモデルを提唱し,その中で経済性投資と社会性投資の間に相乗効果を生み出す能力である「社会経済的収束能力」という概念を導入し,上記3つの因果関係の成立を試みている。

この社会経済的収束能力を保有するか否かということは,両投資の相乗効果を発揮させる社会性投資や経済性投資をデザインできるかどうかということであり,経済的パフォーマンスに影響を与えることになる。石井の主張するベンチャー型CSRもこの社会経済的収集能力を有した組織といえるだろう。

III. シマノのケース

ここではシマノの歴史を振り返り,同社がどのように共通価値に取り組んでいったかということを考察する。

1. シマノの原点

(1) 高品質のフリーホイール

シマノは,1921年島野庄三郎が大阪府堺市で創業した「島野鉄工所」に始まる。当時の堺は日本の自転車産業の中心地であった。5世紀に堺は大規模な古墳が多く築かれ,土木や金属加工の技術者が集まった。その流れをくんで刀や鉄砲の製造技術が培われた。明治になって西洋から自転車が入ってくると,その部品や完成品の生産に転換するところが多く出てきた。

旋盤技術者だった島野庄三郎は独立して,フリーホイールという自転車部品の生産を始めた。フリーホイールは自転車の後輪に装着されている金属板であ

るが，非常に重要な部品である。フリーホイールがあるので，ペダルをこぐと後輪は回るがこぐのを止めても後輪は回り続ける。フリーホイールがなければ，ペダルと後輪は連動し，たとえば下りの坂道では安全に運転することは難しくなるだろう。

　なぜ，庄三郎はフリーホイールに目をつけたのか。それは，フリーホイールが重要な部品であり，かつ高度な技術を要したからである。目標を当時世界最高水準の英国製フリーホイールに設定し，「堺の島野ではなく，日本の島野でもない。世界の島野になるため，世界一のフリーホイールを作ろう」と考えた。創業当時から，「高度な技術の追求で付加価値がつけやすい分野で高品質の製品を作る」という方針を掲げ，まい進したのである。焼き入れ工程の工夫や外国製のベアリングの採用などで，品質向上と生産効率化に成功し，1939年には月産10万枚，市場シェア6割を記録した[5]。

(2)　つくって自ら売る

　このような売上の拡大は，技術水準の向上だけが理由ではない。庄三郎は，「自分でつくったら自分で売る」という方針も掲げた。自信をもって販売できる水準のフリーホイールができたと判断すると，次に力を注いだのが営業である。自転車メーカーに直接出向き，「代金は後でいいからとにかく使ってください」と言って製品を置いてくると同時に，「値引きには応じないが，クレームがあれば新品と交換し，さらに1個差し上げます」と申し出た。製品に自信がなければできない営業のスタイルである。これは同時に，顧客ニーズを直接くみ上げることにもなった。自転車メーカーが試しに使ってみると非常に高品質だということが分かり，取引先が広がっていった。

2．2代目経営者

(1)　新たな決断

　1958年，経営者は長兄の島野尚三に代わった。戦後の復興に向けた物資輸送

を担うため自転車需要は急拡大したが，50年代になると自転車需要は停滞した。尚三が社長に就任した当時の島野工業は，資本金6,600万円の町工場で，3,000万円の累積欠損を抱えていた。おりしもこのころは，自転車産業が衰退するなかで軽オートバイのモペット（ペダルのついた原動機付自転車）がブームになっていた。多くの自転車メーカーや部品メーカーがモペット市場へ進出するなか，島野工業もオートバイメーカーの下請け部品メーカーとなるのか，それとも自転車部品メーカーとして生き続けるのか，選択の岐路に立たされた。

　尚三は，海外の情報を収集した結果，欧米に当時から存在していたスポーツやレジャーとしての自転車市場がいずれ日本にも形成されると予想し，自転車部品専業化という決断を下した[6]。

　尚三は，新しい製品分野として内装三段変速機の開発に注力した。島野工業独自の内装変速機を開発し，当初参考にしていた英国製のそれよりも性能がよく低コストでの製造に成功した。この内装変速機は日米で特許申請をし，売上も大ヒットの部品となった。

　同時に，生産現場では経験とカンが頼りの職人中心だった会社に合理的思考をする大学卒の技術者を積極的に採用し，両者の融合によるレベルアップを図った。経営も合理化され，3年後には見事に黒字に転じた。

　販売システムの近代化にも取り組んだ。1958年に全国主要9都市に小売店向けのサービスセンターを開設し，内装変速機をはじめとした島野工業の新製品の知識や修理方法を指導し，要望や苦情を集めることにした。センターに配属された島野工業のスタッフは，実際に自社製品が売れる過程を体験できた。またスタッフも，頻繁に交替させた。大都市の小売店の要望だけを聞いているのでは不十分と考え，工場から技術者を選抜して全国の小売店を一軒ずつ訪問させた。技術者は自分たちの部品がどの製品に使われどのように売れているのかを肌で感じることができた。ここでも，小売店との関係を深め消費者のニーズを把握しようとする姿勢が見られる。

　また，欧米市場への進出を近い将来実現するためには，大量生産とコストダウンを実現することが不可欠であった。そのための最大の課題が，冷間鍛造技

術の確立である。この技術の研究を始めたのは1957年からである。1962年には，営業利益の２倍近い投資を行い，冷間鍛造技術を確立した。鉄を常温でプレス成型する冷間鍛造は一体化した部品を低コストで生産できるので，熱間鍛造に比べて大幅なコストダウンと製品の精度向上をもたらす高度な技術であり，今でもシマノのコア技術である。

(2) 米国進出

　米国へのデビューは，1961年のインターナショナル・トイ・アンド・サイクルショーへのSHIMANOブランドでの内装三段変速機の出品であった。非常に大きな注目を集めたが，同部品に関しては英国のラレー社が市場をほぼ独占をしており，島野工業が入り込む余地はなかった。

　そこで次にとった策が，1962年の自転車完成品メーカーへの売り込みであった。完成品メーカーは８社で，部品卸売商も約40社が全米に分散しており，これらの企業を１社ずつ回って営業をかけた。なかなか関心をもってもらえなかったが，とにかく製品を手に取ってもらうために試用品として部品を提供した。その結果，島野工業の製品の性能の良さは理解してもらえたが，なかなか受注にはつながらなかった。その理由を聞いてみると，「性能がいいのは分かった。しかし，島野の部品を使っても自転車は売れない。買ってほしかったら需要をつくってこい」と言われた。というのも，当時，米国自転車業界では自転車の部品装着の決定権は，自転車メーカーではなく，川下の自転車量販店がもっていたからだ。そこで，川下の小売店に積極的に営業することになった。シアーズやJCペニーといった量販店のバイヤーを訪ねて，島野工業の製品の性能の良さをアピールした。そのころ米国では製造物責任に対する安全基準を厳格に守る必要があり，量販店は万が一のことを考え，自社でも製品テストを行っていた。したがって，バイヤーも自転車メーカーの技術者に劣らない知識と技能をもっていたため，島野工業の製品をテストしてもらうと性能の良さは明らかだったため，自転車メーカーへの発注仕様書に変速機はシマノの機種を，と明記してもらえるようになった。このようなしして営業先で引き合いが出るよ

うになってきた。1963年のことであった。

　そのころ，日本から米国への自転車完成車輸出が年間30万台に達し，故障が少ないなどの品質の良さが評判になり始めていた。この日本製自転車には部品として島野工業の三段変速機が装着されていた。

　1964年になると，日本製自転車の評価は高まるとともに，米国内でスポーツタイプ自転車のブームが訪れた。このブームに欧州のメーカーは供給面で対応できなかった。島野工業などの日本企業の積極的な企業努力とタイミングの良さが，それまで圧倒的だった欧州勢を打ち破っていった[7]。

(3) シマノ・アメリカン設立

　1965年，米国に確固たる基盤を築き，一層輸出を強化するために，現地販売会社「シマノ・アメリカン・コーポレーション」を設立した。シマノ・アメリカンが力を入れて取り組んだことが2つある。1つは，徹底したアフターサービス体制の確立であった。量販店のバイヤーには，シマノ製品の取り扱い方や修理の仕方などの講習会を実施した。こうした絆づくり活動は，顧客のニーズをつかむという意味でも大きな成果があった。

　2つ目の注力点は，米国市場の最前線で需要の動向を的確に把握することであった。71年から約3年間，全米キャラバンという取り組みを行った。これは，20代後半の若手を2人1組でチームを作り，1チーム半年間という期間限定で，全米の約6,000の自転車小売店を，大量の部品を搭載したサービスカーで訪問するという，途方もないプロジェクトである。目的は営業ではない。シマノ製品の取り扱い方や修理の仕方など教えたり，修理の手伝いなどを通して，米国では自転車はどんな乗り方をされているのか，部品がどのように壊れるのか，ディーラーが部品の扱いでどんな問題を抱えているのか，などといった情報の収集であった。

　当時の島野工業は，一般向けの自転車部品が主力の企業だったので，情報収集は大きな力になった。収集した情報からの気づきで，付加価値の高い新製品を開発し，米国市場で存在感を増していった。たとえば，自転車を止めたまま

でも切り替え可能な変速機や脚力の弱い人でも乗りこなすことのできる外装十段変速機，スタンドのついていない自転車を横倒しにしても変速機が傷みにくい専用のガードなどは，小売店からの情報がもとになって開発された。ちなみに，外装十段変速機は大ヒットにつながった。後述するが，マウンテンバイク（以下，MTB）での事業の成功もこのような活動のおかげである。

3．欧州進出

(1) 欧州進出

　1965年，次の目標であった欧州進攻にさっそく着手した。欧州は自転車発祥の地であり，伝統も文化もある，自負心，プライドも高い。なかなか受け入れてもらえなかった。営業を開始しても，排他的な姿勢に取りつく島もなかった。そういう状況が1969年ごろまで続いた。

　ところが，西ドイツで突破口が開いた。当時の西ドイツは日本と同様に高度経済成長期にあり，あらゆる分野で需要が高まっていた。自転車業界も然りで，大手完成車メーカーが新型の自転車の開発にまい進していて，島野工業の三段変速機や数々の試験的なアイデア製品に着目してきた。こうして西ドイツでビジネスの扉が開かれると，それまで冷淡だった欧州のメーカーからも注文が来るようになった。

　1972年，島野工業は西ドイツのデュッセルドルフに現地法人のシマノ・ヨーロッパを設立した。欧州市場では，卸売業とメーカーに攻勢をかける一方で，各国のプロ・アマのレーシングチームに部品を採用してもらうことをねらった。そして，部品を提供し，実績づくりに努めた。そのためにシマノは，フリーホイールや変速機，ブレーキ，クランクなどをトータルに開発し販売するという「デュラエース」を，1972年に開発・発表した。

　デュラエースの開発は，当時，ロードレースの歴史と支えてきたイタリアの名門企業カンパニョーロ社を目標として，レース用の今までとは違う性能が求められる部品開発のために別組織として立ち上げられたデュラエース事業部が

行った。

　欧州では，自転車レースはサッカーに並ぶ人気スポーツである。チームに認められ，スポンサーになることが実績の証明でもあった。もし優勝すれば，さまざまなメディアに取り上げられ，スポンサー名も目につく。製品の優秀さがおのずとファンや消費者の間に浸透していくことになる。

　デュラエースの提供先は，カンパニョーロ社のサポート体制に満足していなかったベルギーやオランダのチームであった。デュラエース事業部の若い技術者がメカニックとして欧州を転戦。レーサーの厳しい要求に応える努力を積み重ねた。同時に，レースの現場で起こるさまざまな問題やレースを支える人々の仕事の内容や，競合メーカーの評価など詳細なレポートを本社に送り，日本でもそのレポートが開発者たちにおおいに活用された。このようなサポート努力の結果，レースもいい成績を残せるようになり欧州での販売を伸ばしていった。その過程の中で，1973年にベルギーのプロチームのスポンサーになったことを皮切りに，スポンサー活動を広げていった。

(2) システム・コンポーネント

　デュラエースについては，特筆しなければならない点がある。デュラエースに取り組んだことで後にシマノは，「システム・コンポーネント」という理念を確立する。日本では自転車の部品メーカーは自社が取り組んでいる部品領域以外には出ていかないという不文律があったが，部品を個別にレースチームに提供しようとしても相手にされない。当時のリーディング・カンパニーであったカンパニョーロ社に学び，グレード別に部品をセットで品揃えし，またデザインの統一性も図って提供した。つまり，自転車は単なる部品を寄せ集めたものではなく，組み合わせたときの性能をいかに向上させるかが重要で，相互に機能するコンポーネントの集合体でなければならないというのが，システム・コンポーネントの考え方である。自転車レースへの部品の供給によって，システム・コンポーネントの理念を明確に意識するようになった。シマノは，変速機以外にも駆動，制動系へと開発の領域を広げていったが，トータル・システ

ムとしての性能を重視しながら開発は進められていった。

その成果が，1984年に「シマノ・インデックス・システム（SIS）」と，1990年の「シマノ・トータル・インテグレーション（STI）」である。

SISは，変速ギアの切り替えを容易にするシステムで，変速レバー，変速機，ギア，ケーブルから構成される。SIS以前の変速方法は，無段階で動く変速レバーを微妙に調整しながら，ギアチェンジを行っていた。ギアが最適な位置に切り替わっているかどうかは，乗り手が音と足の感覚を頼りに判断した。したがって，ギアチェンジは乗り手にある程度の技術がないと正確に行えなかったし，ギアチェンジの技量もプロ・レーサーの重要な要素の1つであった。それに対しSISは，誰もが正確にギアを一段ずつ上げ下げすることを容易にした。なにせ，SISのセールス・ポイントがNever miss a shift（決してミスしないギア操作）である。そのため最初は自分の技術を誇るプロフェッショナルに反発された。そのプロ選手も契約1つでチームを渡り歩いている。前のチームでシマノを使っていると，次のチームでもまたシマノを使いたいと言ってくれる。シマノもスポンサーを増やす努力を行っていたので，レーサーの3割強まで浸透すると，あとは自然に増えていった。決定的だったのは，カンパニョーロ社が後からインデックス・システムを提供するようになったことだった。

STIは，それまでフレームにつけられていた変速レバーをブレーキと一体化させたもので，手を離さずに変速とブレーキングを行えるようになり操作性を格段に向上させた。変速と制御が可能な1つのレバーがハンドルバーについている。上り坂での立ちこぎ，ゴール直前のカーブのコーナリングでの減速とその直後の加速，などといった状況で手を離さずミスシフトなしで行ける。こんな便利なものはなかった。ユーザーの理解は早く，STIは瞬く間に浸透していった。

コンポーネント・システムにより，シマノはオリジナルをつくり上げた高性能部品メーカーとして，欧州で認知されるようになった。

4．文化創生活動

(1) MTBとの出会い

　1970年代後半からシマノはマウンテンバイク（MTB）市場の草創期に大きく関わっている。MTBは，1970年代半ばから米国のカリフォルニア州の若者たちを中心に遊びとして始まった。この情報も，既述の全米の小売店を回ったキャラバン隊がキャッチしていた。実際にシマノ・アメリカンの社長である島野喜三はその現場に行って自転車がどのように使われているのか観察し話も聞いた。MTBも単なるブームで終わるのではないかという危惧もあったが，そのような情報や体験から，MTBの開発に取り組む決心をした。

　とはいえ，その開発は一筋縄ではいかなかった。もともと自転車は舗装された道路を走ることが前提でつくられている。しかし，愛好家たちは道なき道をジャンプしながら走る。ジャンプ着地時の衝撃や泥による部品の消耗など，これまでの自転車では，愛好者たちの乗り方には耐えられない。すぐ壊れる自転車を自分たちで直しながら乗っている状況に，シマノは何ができるのか。非常識な乗り方でも壊れない部品をつくるには，素材から設計，製造方法にいたるまで見直さなければならなかった。具体的には，技術者をカリフォルニアに派遣し，愛好者たちがどんな楽しみ方をしているか，どのような自転車が求められているのかを調べ，部品の開発に取り組んだ。

　そして，1982年，他社に先駆けてMTB専用のコンポーネントである「デオーレXT」を発売した。まだ，MTBに着目している完成車メーカーもほとんど存在せず，他の部品メーカーも悪条件に耐えられる製品の開発には二の足を踏んでいた時代である。

　シマノは，技術的優位性もさることながら，愛好家にしてみれば一緒にMTBの市場というより，「自然に親しむという新しい形の文化をつくり上げた」という意味で，ブランドとして評価された。

(2) 日本での自転車文化普及活動

　欧米に比べて日本では，趣味として自転車を使うことが少ない。そこで自転車を楽しむ文化を根づかせようと活動をしている。このような活動が顧客との絆を強固にし，強いブランドを育てるという考えがその基盤にある。

　日本で自転車レースといえば競輪のイメージが強く，国民体育大会での自転車ロードレースは，競技時間も朝早く，会場で目にするのはほとんどが選手と競技役員で，選手を応援するファンはまばらであった。自転車の競技人口を増やすためにも，自転車ファンを増やすことは不可欠であった。

　その1つが，1984年から始めた自転車競技大会である。毎年8月下旬に2日間にわたり，プロとアマチュアの両方が参加できる「シマノ鈴鹿ロードレース」である。前身はシマノ・グリーンピアロードレース大会」として，1984年に第1回大会が開催された。

　1991年から，鈴鹿ロードレースのノウハウを活かし「シマノ・リエックスクロスカントリー」という大会名でマウンテンバイクのイベントも立ち上げた。今は「シマノ・バイカーズフェスティバル」という大会名になっているが，毎年7月下旬に2日間にわたり，アマチュアのMTB愛好家を集めて長野で開催されている。

　いずれも，単にプロのレース大会で終わりというものではない。シマノ鈴鹿ロードレースでは，試乗会や出展社PRブース，花火大会，大抽選会など，レースの観戦だけでなく，さまざまな参加プログラムが用意されている。シマノ・バイカーズフェスティバルでは，試乗会やスタンプラリー，ウェルカムパーティ，大抽選会など，参加者が大いに楽しめるコンテンツが満載である。

　両イベントとも国内最大規模の大会で，それぞれに100人前後の社員を派遣している。シマノが主催でない大会にもメカニックのチームを派遣し，自転車修理などを行う。イベントでの顧客との絆づくりは盛んで，広告宣伝費の4分の1がイベント関連費用になっている[8]。

5．散走という新しい自転車文化

　これらのイベントとともに，今シマノが力を入れているのが，ライフ・クリエイティブ・スペース OVE を起点にした自転車文化創造活動である。「自転車で楽しむ」文化の創造である。そこにいたるまでをここでは述べていこう。
　80年代から90年代にMTBは急速に広まっていくが，日本でも例外ではなかった。オフロードを専門に走る人たち以外の人たちが，多くMTBに乗った。それにアウトドアブームの追い風が吹き，急速に需要が拡大した。シマノとしては工場を拡大し，ラインナップも展開するなど，経営的にはよかったが，当時の経営陣は「今はいいが，MTBのブームが終わったらどうするのか」という問題意識をもった。90年代半ばから後半にかけてのことだった。

(1)　失敗と気づき

　そこで，MTB市場の創造から学んだことを参考にした。より使いやすい，より親しみやすいスポーツバイクをつくれば，もっと多くの人々がスポーツバイクに乗ってくれる，買ってくれるということだった。よく見ると，オフロードに行かない人たちもMTBに乗っている。そこで，「実用的な使い方もしながら，高付加価値な自転車もありえるのではないか」。車や時計，筆記用具，メガネなど他のカテゴリーを見ると，結構そういうものはある。しかし，自転車にはそのようなものがない。では，なぜ自転車にはないのか。その理由は，実用的だが高付加価値な自転車というものをしっかりと提案できていなかったり，そういう自転車は自分たちが使うものだという文化がないだけで，それをつくることが経営陣の問題意識に応えることだと考えた。
　そこで，「環境健康ライフスタイル」というコンセプトで，コンフォートバイクを開発した。プロやアマチュアといった自転車愛好家ではなく，普通の人の課題を解決する自転車である。変速機の使い方に不慣れだったり，スポーツ車に乗ると肩やお尻が痛くなる，何かつまらないという不満を解決するために，自動変速機やエアーサスペンション，それがオートマチックに切り替わると

いう高級コンフォートバイクを，ゴージャスな自転車を欧州の完成品メーカーを巻き込んでつくり出した。スムーバというブランドで欧州の見本市にも出品した。自家発電した電気で自動変速するという最先端の技術を使ったりしたが，高額だったのと，まだ顧客が育っていなかった。そのために，新たな試みは成功しなかった。

　では何が間違っていたのか。ロードレース用の部品づくり，MTB用の部品づくりはどうだったのか。前者は多くのレースを通して，世界トップクラスのレーサーやチームに入り込んで，フィードバックがある。後者も米国のトップクラスの競技団体が行っているレースに入り込んでいろいろなことを聞いてくる。レースやスポーツ用の部品は相手がレーサーだったりもっと速く走りたいという人たちなので，相手が分かりやすく，コミュニケーションも積極的である。つまり，シマノの強みは技術力だけではなく，顧客とのコミュニケーションとそのフィードバックをしっかり行うケイパビリティの高さだったのである。

　そのことを再認識し先の高級コンフォートバイクを振り返ると，初めに素敵なライフスタイルありきとなっていて，顧客とのコミュニケーションとそこから何を学ぶかといったような仕組みがなかったことは明らかだった。そこで，自分たちの未来に向かって，自分たちの価値創造を，どういったところに創っていこうとしているのか。そのためには何が欠けているのか。どのようなことをしていったらいいのか。そのような議論を通して，今のコンセプトが生まれた。新しい自転車文化の創造である。

　では，新しい自転車文化の創造とはどういうことか。そのことを考えるうえで参考になったのが，楽器メーカーのヤマハである。ヤマハは音楽教室を通して音楽を普及させてきた。音楽が普及しなければ楽器は売れない。だから，子供のときから音楽に慣れ親しんでもらう。その音楽も，クラシック，ジャズ，ロック，ボサノバなどと歴史とともに新たなジャンルが生まれ，楽器も発展してきた。そのようにシマノの新しい自転車文化の創造とは，乗り方を教えるのではなく新しいジャンルを創って新しいお客を創っていこうというチャレンジである。自転車というものを未来に向かってどれだけクリエイトできるか。そ

れが新しいお客様を創っていくことになる。自転車レースも100年かかって今のレース文化になった。MTBは70年代半ばに生まれてまだ50年ほどである。新しい自転車文化の創造には長い年月が必要になるだろう。

(2) ライフスタイルと自転車

　OVEを開設するにあたり，何を考えたか。何か新たな高級自転車市場（プレミアム・コンフォートバイク市場）をつくる流れの中で，そのような自転車に乗る可能性のある人たちが，どのようなライフスタイルを好んでいるのか。それを勉強させてもらおう。そのような人たちがどのように振る舞っているのか，何を素敵なことだと思ってくれるのか，などといったことをコミュニケーションできる場をつくろう。それがOVEであった。OVEは，時代認識に対する感性の鋭い人たち，その感性を自分たちの言葉で発信できる人たちが集う場である。そのような人たちとコミュニケーションし，そこからのフィードバックでシマノがやるべきことを高い技術力を基にして具体的な形にする。したがって，この活動は売上につなげるための新たな市場の創造というよりも広い意味での文化の創造であり，結果として需要につながったらいい，しかもシマノ以外の自転車関連企業も恩恵を得られる，というものだ。

　では，そのようなライフスタイルとはどういうものか。そこに自転車という道具でどう関係していくかを考えたとき，「健康」というキーワードが明らかになった。自転車は健康にいいということは多くの人がもつ共通の認識である。しかし，だからと言って自転車店に足を運ぶ人は皆無に近い。多くの人が自転車に乗る理由も，「好きだからレースやっている」，「好きだからMTB乗っている」，「便利だから自転車で通勤している」などであり，そこに健康にいいからという理由はない。つまり，これまでの好き嫌いという価値観でもなく実用的という価値観でもない，「健康的なライフスタイル」という価値軸が新たな文化創造に不可欠な要素になる。

　さらに，自転車に乗るということは，自分自身の時間を過ごすことでもある。その自分だけの時間に，ただ乗るだけの時間とは違う意味を重ねる。それが自

転車を乗る楽しみであるということは，自転車を乗る人にしかわからない感覚である。そのことを世間の人は自覚していない。どうしたら分かってもらえるのか。そのことを勉強していきたいと考えた。

　そこでカギになるのが，「コア体験」である。コア体験が自分に意味があると，物事は続く。自転車をコア体験の中心にもっていくのは難しい。なぜなら，レースやオフロードライディング，ツーリングになるからだ。これは自転車が目的になる。そうではなく，何かその人にとって大事なことは何か。そこに自転車が道具としてあったらいいのではないか。そのことが新たな自転車文化としてクリエイトしたいことである。そのためにコミュニケーションをとる相手として，センシティブな人たちと一緒にやっていきたいと考えた。彼らをインプレッション・リーダーと名づけ，OVEプロジェクト活動のフォーカスとした。

　そういう人たちが集う場がOVEであり，そこで何が行われているか，そこにどんな人が集まっているか，そこでどんなコミュニケーションが生まれていくか。それがOVEという場が創り出す価値である。このような考えでOVEはつくられたので，カジュアルに本物が体験できるというような，日常の生活にちょっとした非日常な要素をアンサンブルできるようなポジションになった。具体的には，「健康であること」，「素敵であること」，「心地よいこと」にこだわっている。

　さらに，OVEは，over，over myselfにもこだわる。自転車に乗ることはとてもインディビジュアルな体験である。自転車に乗ることは自分とのやり取りでもある。自転車に乗っているという体験は，すべて自分の感性である。それは，自転車ならではの時間である。

　over myselfは，自分がやってきた生活や，環境，生きざまを一度立ち止まってみて考えて，次に行く。そんな意味合いも込めている。そのような「自分を問い直す」というような体験や知見というものをいろいろな人とやり取りできる場，シェアできる場にOVEをしようと決めた。そこで，そのような感動や体験を具体化するために小さなイベントをいくつも開いてきている。

OVEは，雰囲気も立地も，シマノが関わっているとは思えないような自転車感のないお店である。カフェであり，演奏会を開いたり，本が置いてある。自転車とかけ離れた空間である。立地も，裏通りである。それは，自転車から入ると，いわゆる自転車族に占拠されてしまう。そうでない人たちの価値観を理解し関わっていくためには，自転車を違ったポジションにしなければならない。

OVEではさまざまな季節的なイベントを行いながら，普段コミュニケーションできない人たちと体験をシェアしている。新しいものをつくるのもいいが，見逃していた伝統的な価値あることなども見ながら，行いながら，あるいはそういうコンセプトに近い人たちに場を使ってもらったりしている。そういった中でOVEが提案していることは「散走」という自転車の楽しみ方である。具体的には，自転車を楽しむのではなく，自転車「で」楽しむ遊びだ。

あなたにとって一番大切なことは何か。美味しいものが食べたい。建築物を観たい。桜を楽しみたい。そんなコア体験を自転車を使ってしませんかというのが散走である。OVEのある南青山から下町は自転車で行くととても近いことに驚く。武蔵野を散走すると，その都市化を目にするが，路地に入っていくと昔の面影が残っていることに気づく。三浦半島では，自転車ならではの美味しいお店めぐりができる。というような事々を，散走というパッケージで楽しんでもらう。ほとんどの人たちが，「自転車よかったね」ではなく，「この散走よかったね」という感想をもつ。「自転車の利用価値」を味わっているのである。

OVEでは毎週末にこのような散走を知恵を出し合って企画し実施している。参加者は毎回7，8人と少人数で行っている。少人数ゆえに密度の濃いコミュニケーションが可能になる。

(3) 地域おこし

このような楽しみ方の提案はOVEでのイベントに限らず，地域おこしや観光の分野でも地方公共団体と協力して行われている。OVE地域交流会である。

たとえば，観光。観光とは「光を観る」と書くが，その光はスカイツリーや金閣寺，といったシンボル的なものだけではない。地方には地方の光，つまり地方独自の価値がある。そのことに地域の人たちも気づいていなかった。それを地域の資源と呼ぶなら，眠っている資源がたくさんある。それを掘り起こしてつないでいこう。それを自転車でつなげて楽しもう。まずは地域の人に考えてもらい，実際に体験してもらって，自分たちが感動できるかどうか。自分たちが感動したことを外から来た人に伝える。そんな距離感と地域の価値を散走という奏で方でいくとおもしろくなる。

　いろいろな地域で，地域の観光資源を発掘しそれをつないで，地元の人たちに散走のコンテンツをつくってもらう。地域活性化に散走のコンセプトをおおいに活用してもらっている。このような取り組みが注目されて，伝わっていく。すると他の地域の人たちが勉強，視察にやってくる。このように，「散走」がOVEで行うイベントから地域活性化に広がってきている。

(4)　健康経営

　このような「自転車で楽しむ」は広がりつつあるが，その楽しみ方に「健康」という意味づけもシマノは積極的に行っている。つまり，健康のために自転車に乗るのではなく，自分の行う楽しみの中に健康がある，ということを多くの人に認識してもらうためである。なぜ健康にいいのかということをエビデンス・ベースで説明できると，「素敵なライフスタイル＝健康的な暮らし」ということになる。それは，シマノのビジョンである「Closer to Nature, Closer to People」（人と自然のつながりの中で，人々の健康と喜びに貢献する）そのものになる。

　健康であるということは，平均寿命と健康寿命の差をいかに縮めるかということにつながる。その差を自転車を使って縮めませんか，ということになるのだが，シマノは3つのエビデンスを常時探究している。1つは，生活習慣病予防のためにはカロリー消費が必要なので，カロリー消費量である。2つ目は，寝たきりにならないためにはしっかり筋力を維持した方がいいという理由で，

筋力である。3つ目は，健康は気持ちの面も大きいという理由で，メンタルフィットネスである。これら3つにとって自転車はいいということを医学的に証明している。

1つ目の消費カロリーであるが，30分間自転車に乗ると，心拍数が130から160の脂肪燃焼ゾーンに長い時間入っていることが分かった。自転車はペダルを漕がなくても惰力走行ができるので，ウォーキングやジョギングよりも楽に負荷をかけたり抜いたりしながら楽しく有酸素運動ができる。

2つ目の筋力。ペダルを漕ぐと太ももの筋肉を最も使っているように思えるが，実は大腰筋を動かしている。大腰筋は膝をあげるときに使われる。一番意識できるのは，階段を上るときであろう。大腰筋が弱くなると歩幅も狭くなりトボトボ歩きになる。普段なら積極的に歩いたり階段を上るしかないが，自転車なら必ず33cmほど足を上下させるので，自然と大腰筋が鍛えられる。ペダルのクランクが165mm（スポーツ車なら170mm）あるからだ。したがって，自転車に乗ると，ロコモティブシンドローム（運動器症候群）になりにくい筋肉を使うことになる。

3つ目のメンタルの話。精神的な安定度と活性度について，3か月，20人分，毎日の起床時と出勤前（自宅を出る前），出勤直後，退社前，帰宅直後の5回，測定した。まず，自転車に乗った日の場合。起床時と出勤前は，安定度も活性度も低いが，出勤直後は両数値とも上昇している。これから仕事に向かうという段階で，精神的に安定し活性化しているというのはとてもいい状況になっているということである。退社前は，安定度も活性度も低下している。つまり，疲れている。それが帰宅直後に測定すると，安定度は割と高く，活性度もそれなりに上がっている。つまり，精神的な疲れが回復している。

自転車に乗らなかった日の場合，起床時と出勤前は，自転車に乗った日の場合と同じである。ところが出勤直後は，安定度と活性度の両方の数値が低下している。満員電車の通勤により，これから仕事というときに，精神的に疲労している。これでは，仕事もはかどらないであろう。

また，シマノは社員の通勤形態と医療費との関係を調査している。通勤形態

は，ヘルメットありの自転車通勤，ヘルメットなしの自転車通勤，自家用車，公共交通機関の4形態である。医療費が最も低かったのは，ヘルメットありの自転車通勤である。ヘルメットなしの自転車通勤は比較的近距離の通勤であり，運動強度も低い。ヘルメットありの自転車通勤の社員の医療費が最も低いというのは，元気な人が自転車通勤をしているということも考えられるが，自転車に乗ることが健康につながるということの1つの重要な指標にはなりうるだろう。

このような3つのエビデンスを基に，シマノは自社の健康経営に取り組むだけでなく，健康経営のお手伝いとしてさまざまな企業の人事部へ営業をかけている。

シマノが打ち出している「散走」という新しい楽しみ方は健康にもいいということで，今後さらに発展していく可能性を有しているといえるだろう。

IV．コト価値で社会的課題を解決する

企業は社会的課題に直接的に関わるのか，それとも間接的に関わるのか。この問題に対してシマノのケースは，コト・テーマによって共通価値を創造できるという答えを示している。以下ではそのことを説明するが，まず社会的課題に取り組む以前のシマノの取り組みを考察したうえで，社会的取り組みに関するコト・テーマの役割を説明する。

1．創業者のスタイル

シマノの強みは技術力だけではなく，顧客とのコミュニケーションとそのフィードバックであると先に書いたが，改めてそのことを確認していこう。

まず，シマノの創業者である島野庄三郎である。彼は「高度な技術の追求で付加価値がつけやすい分野で高品質の製品を作る」という方針を掲げて，高水準のフリーホイールを完成させ，自ら営業にも回った。

自転車メーカーに直接出向き,「代金は後でいいからとにかく使ってください」と言って製品を置いてくる。同時に,「値引きには応じないが,クレームがあれば新品と交換し,さらに1個差し上げます」と申し出た。この申し出は製品に自信があるからこその営業スタイルであり,顧客ニーズを直接くみ上げることにもなった。良質の製品を作っただけでは売れない。顧客とのしっかりしたコミュニケーションがなければいいものも売れないということを,創業者は体現している。

2．米国市場での取り組み

続いて,米国市場進出について見てみよう。米国市場では,小売段階との絆づくりが特徴的である。2代目の島野尚三は,世界を視野に入れながら内装三段変速機を開発したり,冷間鍛造技術を確立した。確かな技術に基づいた内装三段変速機をもって米国市場に進出したが,完成品メーカーから「買ってほしかったら需要を作ってこい」と言われている。そこで,自転車量販店に積極的に営業を行い,売上を上げていくことに成功している。

注目すべき小売段階との絆づくりとは,次の2点である。まず,取引に成功した量販店には,徹底したアフターサービス体制を敷き,量販店バイヤーにシマノ製品の取り扱い方や修理の仕方などの講習会を実施した。シマノへの信頼は否が応でも高まる。と同時に,顧客ニーズの把握ということも積極的に行っている。

2つ目は,全米の約6,000の自転車小売店を対象に,大量の部品を搭載したサービスカーで回るというキャラバン・プロジェクトである。その目的は,営業のように見えるがそうではなかった。シマノ製品の取り扱い方や修理の仕方など教えたり,修理の手伝いなどを通して,米国では自転車はどんな乗り方をされているのか,部品がどのように壊れるのか,ディーラーが部品の扱いでどんな問題を抱えているのか,などといった情報の収集であった。この収集した情報からの気づきによって,付加価値の高い新製品を開発し,米国市場で存在

感を増していった。

　米国市場での成功はもう1つ，MTB市場の形成がある。既述の全米の小売店を回ったキャラバン隊がキャッチした情報に，カリフォルニア州の若者たちを中心にして，面白い自転車の楽しみ方をしている若者たちがいる，というのがあった。自然の中の道なき道をジャンプしながら走っている。ジャンプ着地時の衝撃や泥による部品の消耗など，これまでの自転車では，愛好者たちの乗り方には耐えられない。すぐ壊れる自転車を自分たちで直しながら乗っているというのである。

　そこで，実際にシマノ・アメリカンの社長である島野喜三がその現場に行って自転車がどのように使われているのか観察し話も聞いた。そのような情報や体験から，MTBの開発に取り組んだ。

　とはいえ，その開発は一筋縄ではいかず，非常識な乗り方でも壊れない部品をつくるには，素材から設計，製造方法にいたるまで見直さなければならなかった。具体的には，技術者をカリフォルニアに派遣し，愛好者たちがどんな楽しみ方をしているか，どのような自転車が求められているのかを調べ，部品の商品化に取り組んだ。

　そして，1982年，他社に先駆けてMTB専用のコンポーネントである「デオーレXT」を発売した。まだ，MTBに着目している完成車メーカーもほとんど存在せず，他の部品メーカーも悪条件に耐えられる製品の開発には二の足を踏んでいた時代である。

　シマノは，技術的優位性もさることながら，愛好家にしてみれば一緒にMTBの市場というより，「自然に親しむという新しい形の文化をつくり上げた」という意味で，ブランドとして評価された。

3．欧州での取り組み

　最後に，ロードレースのチームを顧客とした欧州進出は，目標を当時ロードレースの歴史を支えてきたイタリアの名門企業カンパニョーロ社としたものの，

いくら高性能でも後追いの製品では相手にされない土壌での戦いであった。シマノ・ヨーロッパは，デュラエースというシステムを開発し，カンパニョーロ社のサポート体制に満足していなかったチームにまず提供し，日本本社も含めた全面体制でサポートにあたった。デュラエース事業部の若い技術者がメカニックとして欧州を転戦し，レーサーの厳しい要求に応え続けるという徹底したサポート体制であった。同時に，レースの現場で起こるさまざまな問題やレースを支える人々の仕事の内容や，競合メーカーの評価など詳細なレポートを本社に送り，日本でもそのレポートが開発者たちにおおいに活用された。このような顧客の声に徹底的に応え続けた結果，徐々にレースでの成果も出てきて，オリジナルをつくり上げた高性能部品メーカーとして欧州でも認知されるようになっていった。

4．シマノの強み

　シマノの創業者から米国市場での成功，MTB市場創造，欧州でのロードレース市場での地位確立に共通するシマノの強みは何であろうか。高い技術に裏打ちされた製品もそうであるが，何といっても「顧客との絆づくりの巧みさ」である。顧客との関係を深めていきながら顧客の声をはじめとした市場の情報を収集し，その情報にしっかりと応えた製品を開発し提案していく。

　創業時は，とにかく使ってもらうように自転車メーカーに製品を置いてきた。置いてくると使ってもらった部品の感想を聞きに行く。品質の良さを分かってもらうと同時に顧客のニーズを直接聞いて次へ活かそうとしている。

　米国市場でも同じである。量販店への徹底したサポートを通して関係を深めつつ，顧客ニーズの把握を積極的に行っている。また，全米の約6,000店の小売店に対してもキャラバン隊を組んでサポート活動を行いながら，エンドユーザーや小売店に関する情報の収集を行い，付加価値の高い新製品の開発に活かしている。

　MTBに関しても，トップクラスの競技団体が行っているレースにシマノの

技術者が入り込んでいろいろなことを聞いて，開発を行っている。また，レーサーたちと一緒に取り組むことで信頼関係が築かれたことは明白である。

欧州のロードレースに関しても，世界トップクラスのレーサーやチームに技術者が入り込んで徹底的にサポートしていった。全社をあげたサポートの結果，レースの成績も向上したことをみれば，MTB同様チームとのコミュニケーションとそのフィードバックの賜物であることが分かる。

5．新しい自転車文化創造へのチャレンジ

シマノはロードレース市場だけでなくMTBでの成功にもかかわらず，アウトドアブームが終わったらどうするのかという問題意識をもっていた。そのため，MTBの後を考え新たな方向性として日本国内での新たな自転車文化の創造を目指した。MTB市場の創造から学んだことの1つは，「より使いやすい，より親しみやすいスポーツバイクをつくれば，もっと多くの人々がスポーツバイクに乗ってくれる」ということだった。実際，オフロードに行かない人たちも街中でMTBに乗っている。そこで，「実用的な使い方もしながら，高付加価値な自転車もありえる」という仮説を立てた。そして，実用的だが高付加価値な自転車というものをしっかりと提案し，そういう自転車を使う文化を創っていけば，経営陣の問題意識に応えることができると考えた。

そこで，「環境健康ライフスタイル」というコンセプトで，コンフォートバイクを開発した。プロやアマチュアといった自転車愛好家ではなく，普通の人の課題を解決する自転車である。自動変速機やエアーサスペンション，それがオートマティックに切り替わるという高級コンフォートバイクを欧州の完成品メーカーを巻き込んでつくり出した。スムーバというブランドで欧州の見本市にも出品した。自家発電した電気で自動変速するという最先端の技術を使ったりしたが，新たな文化を創るどころかそのようなことを望む顧客がまだ育っていなかった。

実は，新しい市場の創造のためにコンセプトをつくったもののコンフォート

バイクというモノにウェイトを置いてしまったこの失敗が，ポイントであった。失敗によって新たな自転車文化の創造をあきらめたわけではなかった。そのため，何が間違っていたのかを見つめ直した。既述のようにシマノの強みは技術力だけではなく，絆づくりを通した顧客とのコミュニケーションとそのフィードバックであることを再認識したのである。

6．コト価値に基づいた新しい自転車文化の創造

　まず仮設的ではあるが「理想の新たな自転車文化」を創る方向性は明確にした。その方向性には，ヤマハの音楽普及活動が参考になっている。新しい自転車文化の創造とは，「乗り方を教えるのではなく新しいジャンルを創って新しいお客を創っていこう」というチャレンジであり，まさに新たな需要創造活動である。新しいジャンルとは，図表6-1で示されているように対象者がプロやアマチュアのレーサーといったスペシャル・ユーザーではなく，カジュアル・ユーザーである。価格帯も高・低でいうと高価格帯である。結果的にはプレミアム・コンフォートバイクの使用になるのだが，そのような自転車に乗る可能性のある人たちはどのような人たちか。その人たちは，どのようにライフスタイルを好むのか，どのように振る舞っているのか，何を素敵だと思うのか。
　そういったことをシマノが学ぶ場として，OVEを設けた。OVEに集う人たちは，時代認識に対する感性の鋭い人たちであり，かつその感性を自分たちの言葉で発信できる人たちであった。そのような人たちとのコミュニケーションからのフィードバックとしてシマノがやるべきことを高い技術力を基にして具体的な形にしていく。これまでのシマノは存在する市場，つまり見えている市場での顧客との絆づくり活動であったが，この取り組みは見えない市場との絆づくり活動といえる。
　さて，どのようなライフスタイルを求めたらいいのか。そこに自転車が道具としてどのように関係していくかということを考えたときに，「健康」というキーワードが明らかになった。自転車は健康にいいということは多くの人がも

図表6-1 自転車の分類

	カジュアル・ユーザー	スペシャル・ユーザー
高価格帯	プレミアム・コンフォートバイク	MTB／レースバイク
低価格帯	シティーバイク	×

(出所) インタビューをもとに筆者作成。

つ共通認識である。しかし，健康のために乗るという人は圧倒的に少ない。趣味で乗るとか，通勤や通学，買い物のために乗るという人が圧倒的である。そこで，好き嫌いの価値観でもなく実用的という価値観でもない，「健康的なライフスタイル」というコト価値軸が新たな文化創造に不可欠な要素になった。

健康的なライフスタイルを考えるときに重要なものは，そのライフスタイルにおけるコア体験である。ただし，レースやオフロードライディング，ツーリングといった，自転車がコア体験の中心に来るものではない。その人にとって何か大事なことを体験しながら，そこに自転車が道具としてある。それが，シマノが新たな自転車文化として創造したいことである。そのためにコミュニケーションをとる相手として先ほど述べたセンシティブな人たちを位置づけた。彼らをインプレッション・リーダーと名づけ，さまざまなOVEプロジェクト活動の焦点とした。

OVEではさまざまな季節的なイベントを行いながら，普段コミュニケーションできない人たちと体験をシェアしている。その中で，OVEが提案していることは「散走」という自転車の楽しみ方である。具体的には，自転車を楽しむのではなく，自転車で楽しむ遊び。

あなたにとって一番大切なことは何か。美味しいものが食べたい。建築物を観たい。桜を楽しみたい。そんなコア体験を自転車を使ってしませんかというのが散走である。驚きや発見などのさまざまな体験を散走というパッケージで楽しんでもらう。ほとんどの人たちが，「自転車よかったね」ではなく，「この散走よかったね」という感想をもつ。「自転車の利用価値」を味わっているのである。散走もコト価値である。OVEでは毎週末にこのような散走を，知恵

を出し合って企画し実施している。

コトとは「顧客の体験状態」であり，一連の体験プロセスが重要である[9]。OVEでは，自転車で健康的に楽しむ（というコト・テーマのもと）さまざまな体験イベントを提供している。また，1つのイベントに焦点を当てても，イベントを通してさまざまな体験をする。その一連の体験プロセスが，「この散走よかったね」という感想になる。

このことから，自社製品を顧客のコア体験の中にどのように添わせるかということを考えるとき，その切り口がコト・テーマであると言える。

7．コト価値による社会的課題への取り組み

散走というコト価値は，地域おこしや観光振興にも活用されている。OVE地域交流会を設置し，地方公共団体と協力している。地域には独自の顕在的・潜在的観光資源が複数ある。顕在的な観光資源はより高揚させ，潜在的な観光資源は掘り起こし，それらを自転車でつなげて楽しんでもらう。「自転車で観光を健康的に楽しむ」ことを提案するのである。観光というコア体験が自転車によってより楽しいものになる。そのための仕組みを考え，地域の人たちが中心となって地域おこし，観光振興を促進していく。このことは，コト価値のテーマを地域社会の課題解決にコト価値のテーマを設定することでCSVも可能になるよい事例である。

さらに，「健康」に関してエビデンスをしっかり取ったうえで，「健康経営」という今日的な社会的課題にも取り組んでいる。「自転車で社員の健康を増進する」ことで，健康経営の推進を目指すのである。ここでは，通勤というコア体験を自転車によって楽しいものに変えていく。通勤に自転車を取り入れることは，社員の健康のみならず企業の生産性の向上，さらに医療費削減に役立つ。そこで，シマノはさまざまな企業の人事部に自転車通勤の推奨を働きかける活動も行っている。これもCSVであり，「健康的なライフスタイル」というコト価値で，社会的課題を解決しようとする取り組みである。

V. 社会的課題をコト・テーマに

　社会的課題に本業として取り組むにはどうしたらいいのかということを，本章では取り扱ってきた。石井のベンチャー型CSRは社会の常識を企業の常識にどう取り組むかという点で示唆に富む。売上や利益という経済的価値がベースとなる投資の世界でも社会的課題や環境問題に取り組んでいる企業を投資先として選ぶSEG投資が盛んになってきていることを考えると，以前にもまして石井の提唱は重要になるだろうし，Porter and Kramer の共通価値も一層注目されるであろう。

　社会的課題を本業として取り組む方法について，Porter and Kramer は製品と市場を見直すとよいと述べる。また，企業は自社製品によって解決できそうな社会的ニーズや便益および害悪を明らかにすべきだともいう。具体的にはどうしたらいいのだろうか。シマノのケースから，「自転車で楽しむ」という散走が地域活性化や健康経営にも役立つことが分かった。つまり，自転車というモノ価値ではなく「自転車で楽しむ」というコト価値が製品と市場の見直しになり，「自転車で観光を楽しむ」ことで地域活性化という社会的価値実現に貢献するということが分かった。また，「健康」というコト価値に基づいて「自転車で社員の健康を増進する」ことによって健康経営というもう１つの社会的価値実現へも貢献できることが分かった。これらのことから，社会的価値の追求もコト・テーマの設定によって可能になるということが言えよう。

●注
1　石井（1991），16頁。
2　石井（1991）は，芸術・スポーツ・学術など「文化事業に対する企業支援」という「企業の文化活動をメセナ活動と定義して，3つのタイプのメセナ活動を考察している。CSRの枠組みからみた場合メセナ活動はCSRの一部であるが，CSRの意義を考える場合，石井の3分類は有効であると考え，本章ではCSRに統一して紹介している。

3 石井（1991），17頁。
4 Porter and Kramer（2011）は，共通価値について他にも以下のように述べている。
   - 共通価値は，CSRでもなければ，フィランソロピーでも持続可能性でもない。経済的に成功するための，新しい方法である。
   - 社会のニーズや問題に取り組むことを通じ社会的価値をも創造するような方法で，経済的価値を創造することである。
   - 共通価値によって，企業の目は『正しい種類の利益』，すなわち社会的便益を減らすのではなく，創造する利益に導くようになる。
   - 共通価値は，経済的価値と社会的価値の総合計を拡大する。
5 シマノ70年史，99頁。
6 社長に就任した島野尚三は，業績回復のために4つの再建策を打ち出している。①時勢の動向に惑わされることなく，自転車部品専業メーカーに徹する。②販売システムの近代化をはかる。③米国を主体に輸出市場の開拓と拡大に全力をあげる。④業界最高の品質を生み出すため，徹底的な技術改良をはかる。
7 シマノ70年史116－117頁。
8 日経ビジネス（1998年11月2日号）。
9 東（2015），2頁，東（2017）。

第7章

ビジョナリー・マーケティング
―コト・マーケティングの基盤としてのビジョン経営

1. コト・マーケティング体質の企業とは

　マーケティングにおける価値の焦点は，交換価値から体験価値や使用価値へとシフトしてきている。このことは，価値の創造主体は企業ではなく顧客であるということを意味する。たとえば，安さが重視されるプライベート・ブランド商品でさえも，製造企業が明記されていないものは敬遠される傾向にある。それは，いくら販売企業が責任をもって販売するといっても「安心・安全」という価値を重視する顧客には受け入れられ難いからだ。

　第3章で示したようにコト・マーケティングは顧客の体験状態に着目し，顧客との絆づくりを通したお役立ち活動である。現場レベルのコト・マーケティングを実践するには，少なくとも事業レベル，さらにいえば経営レベルでコト・マーケティングが実践できる組織になっていなければならない。本章では，コト・マーケティングを支える経営のあり方，つまりコト・マーケティング活動の基盤としての，ビジョナリー・マーケティングについて考察する。

　ビジョンに基づいた事業部レベルもしくは企業レベルのマーケティング活動が重要になるが，その理由は以下のとおりである。ビジョンは一種のフィルターであるからだ。つまり，事業部もしくは企業として顧客にどのような体験価値を提供するのか，またそのために従業員がすべきことは何かといったことは，すべてビジョンというフィルターを通して認識され判断されるからである。

　そのためには，「コト価値実現」の要素をビジョンに組み込まなければならない。そうすることで，製品生産やサービス提供ではなく，コトという顧客価

値の提案に企業は焦点を合わせることができ，それゆえに従業員も自律的に活動の方向性を認識し行動基準に基づいた判断が可能となり，顧客もビジョンに基づいて企業への期待をもつことになる。

　以下では，まず顧客価値に基づいた3種類のマーケティングについて説明する。次に，ビジョンとは何か，ビジョンの役割についてレビューをする。さらに，アイデアタクシーとして神戸で知られる近畿タクシーのケースを紹介した後，ビジョンのレビューでも明かされなかったコト・マーケティングの基盤としてのビジョンの役割とビジョンの構造を説明する。

II．企業とコト・マーケティング

　コト・マーケティングは顧客との絆づくりを通した役立ち活動である。その活動をどのレベルで行うかということが本章では重要になる。一般的に，マーケティングは製品・サービスレベルの活動であるが，複数の製品・サービスを束ねる事業部レベルでのマーケティング活動もある。事業部を複数有する企業は，さらに上位のマーケティング活動が求められる。

　このような2段階もしくは3段階のマーケティングに，コト・マーケティングはどう対応しているのだろうか。図表7-1を見てみよう。第6章の「自転車を楽しむ」と「自転車で楽しむ」の説明からも分かるように，コト・マーケ

図表7-1　顧客価値に基づいたマーケティング

種類	対応レベル	内容
コト・マーケティング	製品・サービス	製品・サービスで顧客のコトを達成する
ビジョナリー・マーケティング	事業部	ビジョンで社会や顧客へのお役立ちを達成する
コーポレート・マーケティング	企業	上位のビジョンで社会や顧客へのお役立ちを達成する

（出所）筆者作成。

ティングは製品・サービスを用いるという意味で，従来のマーケティング活動でいうと製品・サービスレベルに相当するが，コト・マーケティングは，製品やサービスの機能がもたらす体験価値よりも大きな体験価値を実現する（第3章・図表3-2）。事業部が複数の製品・サービスを束ねるように，1つのコト・テーマのもと複数の製品・サービスを展開する場合もある。たとえば，花王のヘルシア緑茶（2003年発売）は，体脂肪カットという機能で「健康」というコト価値を提供しているが，ヘルシア緑茶のほかにヘルシアウォーター（2006年発売），ヘルシアスパークリング（2009年発売），ヘルシア五穀恵茶（2012年発売），ヘルシアコーヒー（2013年発売）と複数の製品を展開している。ヘルシアはちょっと太めの中年男性（BMIが25以上の30歳以上の男性）をターゲットにして，健康を実現するために生活の中で1日1本飲んでもらうのだが，同じものを毎回飲むのではなく食事やシーンに合ったヘルシアの飲料を選択できるように種類を増やしている。また，健康行動の習慣化を応援すべくヘルシアクラブというインターネットサイトを立ち上げ，健康というコト実現のためにサポート活動も行っている。

　このような事業部レベルでもコト価値の追求は可能である。1つの事業部でありながら，つまり複数の製品・サービスを展開しながら1つのコト価値実現を追求するためには，束ねる役割を果たす「コト価値をベースにしたビジョン」が必要になる。本章では，このコト価値をベースにしたビジョンに基づいたマーケティングを，ビジョナリー・マーケティングという。ビジョナリー・マーケティングは，ビジョン「で」顧客社会へのお役立ち「を」実現する活動である。

　事業部が1つだけの企業は，ビジョナリー・マーケティングが全社レベルのビジョンと非常に近いものになると考えられる。事業部を複数有する企業の場合は，複数事業部の間の一貫性を保つためにさらに上位の「コト価値をベースにした企業ビジョン」が必要になるかもしれない。いずれの場合にしても，企業自体はコト価値に基づいたビジョンを通して社会や顧客へのお役立ち活動を行うことになる。

次節では、そもそもビジョンとは何かということを考えていく。

III. ビジョンとは何か

1. ビジョンとは何か

　ビジョンとは何か。ビジョンとは「組織が目指す共有価値を表したもしくは反映させた究極の目標」（House and Shamir, 1993）であるため、ビジョンで、「企業なり事業が社会や顧客にどうお役に立つのか」ということを明示することも可能である。そのようなビジョンはその定義から、夢や想いを語るものになる。同様の意味では、理念や使命という用語も使われているが、本章ではそれらを一括してビジョンという言葉を用いる。さて、以下では、ビジョンの役割についてまとめてみよう。

　ビジョンは2つの側面をもつ[1]。1つは企業にとっての信念のような「基本的価値観」としての側面である。それは信念であるがゆえに、利益の追求や目先の事情のために曲げてはならない。また、常に経営手法や目標に優先させなければならない。もう1つは、企業が何のために存在するのかという企業の存在理由を示した「目的」という側面である。

　このようなビジョンを必要とする理由が少なくとも3つはあると伊丹・加護野（2004）はいう（図表7-2）。1つは、組織で働くメンバーは金銭的なインセンティブだけではなく理念的なインセンティブを欲するからという理由であ

図表7-2　ビジョンの側面と提供物

側面＼提供物	理念的インセンティブ	判断基準	コミュニケーション
基本的価値観		◎	◎
目的	◎		◎

（出所）筆者作成。

る。正しいと思えるビジョンはメンバーの働く意欲をかき立てる素になる。ビジョンの「目的」の側面が特に当てはまる。2つ目の理由は、ビジョンがメンバー1人ひとりの行動判断の基準となるからである。信念を貫き通したり、目的としてのビジョンを守り抜いて行動する際の思考や行動の判断基準として基本的価値が用いられるので、ビジョンは判断基準として機能する。3つ目の理由は、ビジョンはコミュニケーションのベースを提供するからということである。信念と企業の存在理由を共有するメンバー間ではコミュニケーションが生まれ、伝えられるメッセージのもつ意味が正確に伝わる。これは、ビジョンの側面のいずれにも当てはまる。

2．ビジョンの共有者

　ビジョンによって組織の信念や社会的存在理由が明示されるのだが、このビジョンは共有されなければならない。では、誰となぜ共有されるのだろうか。伊藤（2000）は顧客と株主、従業員の3者との共有をあげる。顧客にとってビジョンとは、ビジョンを共有することで何ものにも代えがたい深い満足が得られるという約束になる。株主には安定的な業績の向上と株主価値の増大をビジョンは約束する。そして、従業員にはそこで働くことの価値、つまり金銭的な満足だけでなく精神的な満足をビジョンは約束する。したがって、ビジョンはこれらの約束をそれぞれの相手と果たすために共有されるのである。ではなぜ共有されなければならないのか。それは、企業の目指す理想像と顧客や株主からどのように見られているかというイメージにはギャップが生じがちだからである。企業と関係者間の認識のギャップを調整しバランスをとっていかなければならない。その重要な役割をビジョンは果たすのである。

　時代は変わっても「モノからコトへ」は形を変えて求められてきた。Levitt（1969）の「マーケティング・マイオピアに陥ることを避けよ」ではないが、今後事業をモノ（製品）の機能ではなくコトで定義する企業が、他社との差別化により成功するようになるであろう。なぜなら、コト価値づくりの基盤であ

るビジョンに対する顧客や社会の共感や共有が何よりも重要になり，それがマーケティング活動のベースになるからだ。

　その事例の1つとして，「患者様とそのご家族の喜怒哀楽を第一に考え，そのベネフィット向上に貢献することを企業理念と定め，その企業理念のもとヒューマン・ヘルスケア（hhc）企業をめざす」エーザイがあげられる[2]。

　コト価値の実現を約束するビジョンの実現のためには，顧客参加が不可欠になる。営業やマーケティングの部署だけでなく，全社レベルでの顧客とのコミュニケーションが求められるのである。たとえば，エーザイは製薬を開発するにあたり，まず患者様とのコミュニケーションから始めている。患者の会を自社工場に招待してさまざまな意見を聞き，病気を治すだけでなく，患者様の生活の質を向上させるように取り組んでいる。それだけではない。患者様から企業や自分自身がいかに期待されているかということを肌身をもって感じることで，製薬開発者のモチベーションやモラールは向上するという。つまり，ビジョンの実現が精神的インセンティブを従業員にもたらすことになる。

　このような関係においてエーザイの従業員は患者様に自社の説明を行う場合，売上や利益で自らを語ることはありえない。患者様のために何ができて何をしようとしているのか，患者様のためにどうありたいかということを語ることになる。

　ビジョンを軸にしたこのような顧客参加のマーケティング活動は，企業に対する社会や顧客の共感の輪を広げて，企業の理解者をつくることになる。したがって，ビジョナリー・マーケティングは，「ビジョンに共感してもらいビジョンを共有してもらう活動を通して，顧客との価値共創関係をつくる活動」だといえよう。そして，ビジョナリー・マーケティングはコト・マーケティングの基盤にもなる。

3．エンゲージメント／オーナーシップ

　前節で触れた顧客や従業員らとの約束事であるビジョンに関連する2つの概

念を紹介する。それは，エンゲージメントとオーナーシップである。

(1) エンゲージメント組織戦略

　エンゲージメントとは，「従業員1人ひとりが，組織に対して，ロイヤルティを持ち，方向性や目標に共感して，「心からの愛着」を持って，絆を感じている状態」（稲垣・伊藤，2010）のことである。組織をあげて社員のエンゲージメント度を高める仕組みによって，従業員満足と顧客満足の両方を追求する。その戦略をエンゲージメント組織戦略というが，この戦略でもまずビジョンの再定義が行われる。顧客満足を中核においてビジョンを定義し直す。そしてそのビジョンの徹底した共有化が従業員との間で行われる。従業員は，通常の業務の1つのテーマとしてそのビジョンの具体的な実践に取り組むことになる。その通常の業務プロセスが，ビジョン実践のための人材育成の機会となる。その業務はチームで行うことになるため，ビジョン実践のプロセスで得られたナレッジは組織ナレッジになるような仕組みも求められる。また，業務の推進や改革は顧客視点や現場視点で行われる。なぜなら，この戦略でビジョンを実践するということは，顧客満足を提供するということと同義だからである。

　このエンゲージメント組織戦略での特徴は，従業員がビジョンというフィルターを通して通常業務を行っているということだ。ビジョンを現場でそれぞれの従業員が具体的に実践することで顧客満足が提供される。ビジョンを共有している従業員は，自身が顧客に満足を提供する仕事についているという誇りをもって仕事に従事している。その仕事での努力が報われたとき，つまり顧客が喜ぶのを見て，顧客に感謝されることを通して従業員自身も大きな満足を得る。

(3) オーナーシップ

　Heskett *et al.*（2010）によると，オーナーシップを有する顧客や従業員は，企業をあたかも我が身同然と考え，企業やその製品・サービスの成功を自分のことのように喜び，さらなる成功を呼び込むための労をいとわない。たとえば，

オーナーシップを有する顧客は，口コミを通じて評判を広め，製品やサービスの改良に積極的に参画するし，オーナーシップを有する従業員は，顧客に喜びや感動を与えるべく，臨機応変に行動する。優秀な従業員たちが，常に優秀な人材を招き，彼らは企業の成長に長く貢献していく。このような，共有された価値観や望ましい結果へのコミットすることを，オーナーシップという。

　なぜオーナーシップが生じるのか。それを考える場合，体験価値と戦略的価値ビジョンを抜きには考えられない。オーナーシップでの価値とは，顧客や従業員が感じる体験価値である。さらにその体験も当該商品やサービスを使用・消費しているときのみの体験ではなく，顧客が体験するもっと広い一連のプロセスすべてを体験[3]という。顧客はこの全体的な体験のクオリティを評価する。したがって，現在および将来にわたって，こうした価値の実現を具体的に計画するために戦略的価値ビジョンが必要だと Heskett *et al.*（2010）は主張する。

　では，このようなオーナーシップをどのようにつくるか。そのためには，まず事業ビジョンを再定義しビジネスを再定義し直すことが求められる。ビジネスを製品・サービスではなく顧客のための価値によって定義し直す。つまり，「誰に何をもってどのようにお役に立つか」を明確にすることが最初に求められるのである。このような特徴をもった戦略的価値ビジョンだからこそ，従業員はその実現にコミットするし，顧客もこの具体的な体験価値を別の顧客に勧めるのである。

(3) ビジョンの役割

　ここまでのビジョンの考察から分かるビジョナリー・マーケティングについての特徴を以下に列挙する。1つ目は，ビジョンに基づいた経営は，顧客とつながっていく経営だといえる。エンゲージメント組織戦略では，ビジョンを顧客満足の視点から再定義することを求める。オーナーシップの生じるマーケティングでは，顧客の体験価値に基づいた戦略的価値ビジョンが重要である。このような，ビジョナリー・マーケティングでは顧客価値をビジョンの中核に据えることが重要になるため，ビジョンの実践は同時に顧客価値の提供になる。

したがって，ビジョナリー・マーケティングに舵を切った企業は，必然的に顧客とのつながり直しやつながりづくりが求められるし，ビジョナリー・マーケティングにまい進している企業は，顧客とのつながりをさらに深めていくことになる。

また，顧客とつながっていくとは「顧客と共にある」ということであり，企業の存在理由にもなる。

ビジョナリー・マーケティングの2つ目の特徴は，従業員にとってビジョンがフィルターの役割を果たしているということだった。伊丹・加護野（2004）が示すように，ビジョンは行動基準を含んでいる。顧客価値がビジョンの中核にあるので，目の前の業務がビジョンの中核をなす顧客価値の提供になるのか否かということが行動の判断基準になる。それゆえ，従業員にとってビジョンはフィルターになるのである。

ビジョナリー・マーケティングの3つ目の特徴は，ビジョナリー・マーケティングがコト・マーケティングの基盤であるという点だ。ビジョンに基づいて顧客価値を提供するということが明らかになったが，この顧客価値提供の実践プロセスがコト・マーケティングである。

このような特徴のビジョナリー・マーケティングでは「顧客につながっていくこと」が成功のカギになる。顧客とのつながり方が競争優位の源泉になり，競合他社にとってそれはブラックボックス化してしまう。一方，つながっている顧客にとってビジョナリー・マーケティング企業の活動はホワイトボックス化する。

では次に，神戸でアイデアタクシーとして有名な近畿タクシーの事例を見てビジョンに関する考察を深めてみよう。

Ⅳ．近畿タクシーのビジョンとコト・マーケティング[4]

近畿タクシーは1952年に設立され，現在の代表取締役は森崎清登で，従業員は60名，車輌数は55台（2015年5月現在）である。事業内容は，バス・タク

シーサービス事業と指定訪問介護事業である。事業エリアは，神戸，明石，阪神間（バスは兵庫県内）である。近畿タクシーの加盟団体は，その事業内容から兵庫県タクシー協会，兵庫県バス協会，全国福祉輸送サービス協会というのは当然であるが，他に神戸ファッション協会，神戸ながたティ・エム・オーにも加盟している。

　近畿タクシーのホームページには，「地域の資源と出会い，つながり，広がる中で，タクシーが地域づくりのおもしろいツールになりそうだと気付きました。　地域の皆さまから「みんなのために動いてね」と託していただければ，直ちに動く「託してタクシー」に進化しそうです」と説明があり，タクシーの進化を求め，2013年に『託してタクシー』元年，2014年に『もっと託してタクシー』，2015年は『もっと広く託してタクシー』を目指します！　と宣言している。そのうえで，託してタクシー3部作として，「地域資源発掘タクシー」，「地域課題解決タクシー」，「地域資源高揚タクシー」を実践している。この標語が，実は近畿タクシーの強みのビジョンになっている。

　近畿タクシーは地元ではアイデアタクシーとして知られるが，それはお客さまや地域などとの関わり方を明確なテーマとして現しているからである。以下ではさらに，ロンドンタクシー，震災後の街づくり，地域密着経営，観光資源タクシーの4つに分けて紹介しよう。

1．ロンドンタクシー

　森崎は会社の事業の柱を観光と福祉であると考えていた。そのため，ロンドンタクシーを神戸という観光地で走らせることを切に願った。ロンドンタクシーの導入は，1991年に目にした「日産ディーゼルがロンドンタクシーを輸入・販売する」という業界紙の記事がきっかけであった。ロンドンタクシーは，「観光タクシー」と「ブライダルタクシー」として活用した。

　観光タクシーは，神戸市内のホテルやターミナルから旧居留地やハーバーランド，北野の異人館をめぐり，出発点のホテルやターミナルに戻ってくるとい

うものであった。

ブライダルタクシーは，ホテルや冠婚業者と契約し，結婚式場の教会から披露宴会場のホテルやレストランなどにウェディングドレスやタキシードの新郎新婦を運ぶサービスである。森崎は自ら企画書やプレスリリースを書き，宣伝や営業を行った。

この2つの企画を実行することで森崎には気づきがあった。まずは，タクシーという「機能」を通して社会とつながることができるということである。ロンドンタクシー導入の話を多くの人にしたら，多くの人が関心をもち，手弁当で関わってくれた。ドライバーの制服はあるデザイナーが喜んでデザインしてくれ，パンフレットをつくってくれる人も出てきた。メディアから取材も受けた。

また，タクシーはお客様をある場所から別の場所に機械的にお送りするだけでは済まされないことにも気づいた。タクシーは単に新郎新婦を会場にお送りするだけではなく，教会の荘厳な雰囲気を壊さずに披露宴会場の華麗な雰囲気につなぐ役割をもっている。そのために，具体的なサービスとして，ライスシャワーの祝福を受けた新郎新婦が先に教会を出発するが，ゲストが先回りして到着を出迎えるというサプライズの流れを作り，時間管理を厳密に行って演出に花を添えた。また，写真撮影を行う，花輪を置く，絨毯を敷くなどというサービスも行った。

このことは，ブライダルタクシーを通して，タクシービジネス自体の新たな課題の発見につながった。つまり，雰囲気まで運ぶことができたらサービスの価値創造になるということである。タクシーとしての運賃は認可運賃として決まっている[5]。これに上述のような空間プロデュースによって価値を付加しサービス料をいただくことができる。

ロンドンタクシーは，乗務員の意識も変えた。ロンドンタクシーの導入にあたり森崎は乗務員の意識改革を促した。「自分の娘の結婚式・披露宴で使ったタクシーの乗務員が爪楊枝をくわえスポーツ新聞を見ていたら不愉快でしょう」という旨を説いた。乗務員にとってもっと効果的だったのは，乗客からの

声であった。観光タクシー導入初日に，あるホテルの社長を乗せて走った。その社長から「こんな車を運転できるなんて，あなたは乗務員のエリートだ」と声をかけられ，名刺をいただいた。帰ってきた乗務員は興奮気味に報告し，「交換する名刺がないから，名刺を作ってほしい」と言ってきた。ロンドンタクシーに乗るだけで，乗務員の背筋も少し伸びるらしい。信号待ちしている時に「写真を撮っていいか」と言われたり，「カッコええな」と褒められたりした。観光タクシーとして使っていたら，「乗客から『あの建物は何？』と尋ねられて答えられんかった。あかんわ」と言って，みんなで神戸の名所について勉強するようにもなった。

2．震災後，街づくりに関わる

　長田に生まれ長田で育ち，長田に住む森崎にとって，阪神淡路大震災は大きな影響を与えた。震災復興を機に森崎は街づくりにも積極的に関わった。「人・建物・乗り物」の3つの要素が街づくりには重要だというのが森崎の持論であり，彼はタクシーという街に導線を描く乗り物をもって街づくりに加わった。

　長田はもともと雑然とした街で，顔の見える関係を築きやすかった。震災の被害を受け多くの人が長田から離れた復興住宅へ移り住んだが，森崎はその人たちのために国の補助を受けて復興住宅と商店街や病院を結ぶ「買いもん楽ちんバス」を期間限定で走らせた。

　また，地域にもとからあるものを資源として活かし，活性化に役立てるという思いで，地域に眠る「宝」の発掘に奔走した。「被災の街」である長田を復興の街・社会学習の街として「観光の街」にしていった。復興の姿を修学旅行生に見せて伝えようというのだ。そのために一部抵抗する商店主を説得もした。震災の話を真剣に聞く生徒たちに驚き，約80店ほどの参加が300店ほどに増えた。復興のためには商品づくりも大切である。長田名物の「ぼっかけ」を活用しさまざまなメニューも開発した。修学旅行に関してはJTBが，名物商品の開発や流通には神戸の企業が複数協力してくれた。森崎は，地域の中に死蔵さ

れた資源を，これまで関係のなかった多様な人たちにつなぎこれを編集していくことで，新たなビジネスを起こし街を活性化させていった。近畿タクシーも移動の足としてこの観光の街ビジネスに貢献した。

3．地域密着経営

　森崎の街づくりの経験は，近畿タクシーが地域サービス会社として展開する原点になった。震災後の長田の街づくりに関わった森崎は，近畿タクシーの事業も地域密着事業へと大きく舵を切る。もともと「乗客と乗務員が互いに顔の見える関係づくり」をしたいと切望していた森崎は，商圏とサービス・メニューを明確に打ち出した。商圏は近畿タクシーの本社から半径2 km内に住む住民に絞り込んだ。その住民にお役に立つ近畿タクシー独自のサービスを企画しお客様を増やすことで，仕事のやり方を変えていった。

　タクシーが単に移動するだけの手段ではないということをアピールした。具体的には以下のようなサービス・メニューを提案した。「お花見タクシー」は，桜の季節に宴会セットを積んで場所取りや写真撮影まで乗務員が行う。地元の人が気軽に地元の桜を楽しむことができる。「安心かえる号」は，塾通いの子供を送迎する子育て支援タクシーである。塾への企画提案を行い，親のみならず塾側にも安心を提供するサービスである。「出前タクシー」は，自分で買いに行かなくても飲食店の出前の料理を買ってきてくれる。出前のチラシ制作や注文受けも近畿タクシーが行う。店側は出前人員を雇わなくて済む。「海の家タクシー」は，ホテルや自宅から須磨の海岸まで送ってくれ，帰りも予約しておくと迎えにくる。水着のまま出かけて水着のまま帰ってくることもできる。「星空の車いすタクシー」は，当日の夜でも配車する介護タクシーで，このタクシーの乗務員は介護士の資格を有している。「有馬温泉日帰りの旅」は，ユニネットタクシーで，温泉や食事を手ごろな価格で楽しめるサービスで，外出したいという車いすのお客さまに安心して利用していただくサービスである。

　こういったアイデアは，森崎が1人で考えたのではない。乗務員たちが自ら

考えて生まれてきたアイデアである。地域にマーケットを限定して，福祉や観光をテーマにさまざまな企画を行う。それらが社会的に注目され，マスメディアにも多く取り上げられる。また，地域のお客様から声をかけていただくことが多くなった。こうして乗務員のモチベーションも向上した。いろいろなサービス・メニューを作ることで，乗務員の人材としての可能性に森崎は気づいた。乗務員と一緒に地域の福祉や観光のためにというテーマを持って，具体的な事業に落とし込んで実践した。共感できるテーマに関わったとき，人は思いもかけない能力を発揮すると。

森崎は，インターネットを活用して新たなサービス開発も行っている。「タクシー進化会議」[6]を近畿タクシーのホームページ上で開設し，全国のお客さんからタクシーに対する要望を募っている。ここに集まったアイデアは社内で選考し，半年の試験運行を行って本採用というステップを経る。インターネットで募集したアイデアを実際にタクシーとして実現し，話題を呼んだ。

具体的には，次のようなものがある。「ラジオ選局主導権樹立タクシー」は，乗客が自分の聴きたいラジオ局や番組を乗務員に遠慮なく選択できる。「カウントダウンタクシー」は，料金が上がる90m手前から運賃メーター内に設けた表示ラインの点滅で料金の上がるタイミングを知らせる。全国の運賃メーターのメーカーに問い合わせ，うち2社のみがこのメーターを製造していたそうである。近畿タクシーはすぐに全車に装備した。「携帯電話充電タクシー」は，携帯電話の充電ができる。「チャイルドシートタクシー」は，チャイルドシートを搭載している。「くつろぎタクシー」は，スリッパやクッションを備えている。「雨の日タクシー」は，後部に搭載したキャリーで自転車を運ぶことができる。

これらの実践は，乗務員も「目新しい仕掛けはお客さんとの会話のきっかけになる」と言い，リピーター化にもつながり，効果を実感している。

4．観光資源タクシー

　地域密着の経営を行っていた近畿タクシーは地元だけに限らず，神戸の観光資源を活用したビジネスを展開している。神戸は観光都市でもあるが，近畿タクシーが行っているビジネスは単に観光客を観光地に運ぶという旧態依然のものではない。森崎はありふれた日常のことでも光の当て方によってはそれがさらに観光のウリになると考える。光の当て方次第で，埋もれていた観光資源の価値を顕在化させたり，すでに認知されている観光資源の価値をより高めるのが，近畿タクシーである。その根底には，「もっと地域に目を向け，もっと新しいことを」という思いがある。

　その代表例が，「神戸スイーツタクシー」である。スイーツの美味しい店を回るだけでなく，店のオーナーとも話し合って，訪ねて行ったときにはそのお客さんの名前を書いたプレートをケーキに飾ってもらうなど，サプライズも準備している。ツアー当日乗務員はあいさつしながら乗客の名前を聞くとすぐに店に連絡している。乗務員も休日にはツアーで回る店に足を運び，最新の人気商品の味を確かめている。仕入れた情報が社内での乗客との会話に役立つ。

　大河ドラマ「平清盛」にあやかり平家一門になりきり貴族の衣装で平清盛ゆかりの地を巡る「牛車タクシー」は，福原京のあった兵庫区平野地区の町おこし団体のボランティア協力も得る。清盛ゆかりの地だけでなく，清盛をモチーフにしたお土産が買える商店街もめぐり，「ドラマ館」か「歴史館」まで送り届ける。

　他にも，神戸で撮影された映画のロケ地をめぐる「銀幕タクシー」や高品質のスピーカーから流れるジャズに浸りながら夜景スポットとジャズクラブをめぐる「神戸ジャズタクシー」，美味しいパン屋をめぐる「ブレッドタクシー」，美味しいステーキ店をめぐる「神戸ビーフタクシー」などがある。

　これまで企画実施されたアイデアタクシーの数は，森崎自身もすべて列挙できるのだろうかと思うくらい多い。その中にはリピーターのつかなかった企画も多くあると森崎は言う。しかし，企画を一緒に考えていったお店や企業，商

店街などの方々とつながりができ,「タクシー呼ぶなら,近畿タクシー呼ぼうか」となっているそうだ。ロンドンタクシー以前は「流し」営業100%だったものが,今は「予約」営業が7割になっている。

森崎の基本的なスタンスは,「まずは地域,次にお客さん。最後に会社がもうかればいい」というものだ。それは,ロンドンタクシーから始まった近畿タクシーのビジネス展開の基本である。ビジネス展開の中で発見するテーマはさまざまある。しかし,テーマは違えどもそのテーマの下でさまざまな人と関わることで,「街と人」もしくは「人と人」をつないでいる。

V. 近畿タクシーにおけるコト・マーケティングとビジョンの関係

このような近畿タクシーの事例においてビジョンとコト・マーケティングの関係はどうなっているのだろうか。

1. ロンドンタクシーで慶びを

今では「『もっと広く託してタクシー』を目指します!」と宣言し,具体的に,「地域資源発掘タクシー」,「地域課題解決タクシー」,「地域資源高揚タクシー」を実践しているが,当初森崎は,会社の事業の柱を観光と福祉であると考えていた。そのために,観光に関してはロンドンタクシーを導入し,「観光タクシー」と「ブライダルタクシー」として活用した。ここまでは,どこの企業でもあり得るありふれた事業展開である。

近畿タクシーがコト・マーケティングを行い得たきっかけは,森崎の気づきである。「ロンドンタクシーは結婚式の慶びのための手段である」ということに気づいたことである。「結婚式でタクシーを体験する,つまり移動のためにタクシーに乗ってもらう」のではなく,「タクシーで『何を』体験してもらうことができるのか」という重要性に気づいた。結婚式の「慶び」というコアの体験価値にタクシーが貢献するにはどうしたらいいのか。つまり,「慶び」の

図表7-3　近畿タクシーの初期の取組み

	機能	コト	ビジョン	関係者
ロンドンタクシー	移動	慶び	（「慶び」の提供）	ホテル，式場，乗務員
長田の街づくり	買い物	震災学習	「観光の街」長田	商店街，JTB，地元企業

（出所）筆者作成。

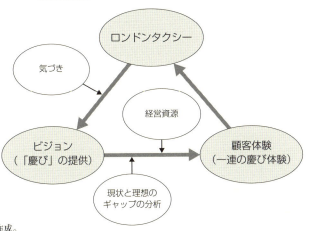

図表7-4　ロンドンタクシー活用とビジョン

（出所）筆者作成。

提供というビジョンを実現するにはどうしたらいいのか。タクシーが教会から披露宴会場への移動手段というだけなら，乗務員は丁寧に運転サービスを提供するだけだ。近畿タクシーは他社と異なり，新郎新婦の慶びのお手伝いのために，ゲストから祝福されて送り出された新郎新婦が式場から先に出発するものの，ゲストが先回りして到着を出迎えるという流れをつくり，時間管理を厳密に行って演出に花を添えた。また，写真撮影を行う，花輪を置く，絨毯を敷くなどということも行った。こうやって，単に新郎新婦をお送りするというだけではなく，教会の荘厳な雰囲気を壊さずに披露宴会場の華麗な雰囲気につなぐ

ことで「慶び」という一連のコト価値に貢献することとなった（図表7-3）。ロンドンタクシーが移動の手段であると気づいてから「慶び」というコト価値を提供できるようになる一連のプロセスは，図表7-4に示される。

　ビジョン実現のために，結婚式場やホテルとの連携はもちろんだが，乗務員の意識改革や協力，コンテンツの開発などを行ったことも，広い意味で近畿タクシーの見えざる経営資源となって，画期的な成功体験につながったと言える。

2．復興商店街で観光を

　2つ目の長田の街づくりも，「を」ではなく「で」のコト発想（第3章）で取り組んでいる。この場合の森崎の役割は，近畿タクシーの代表取締役というよりも「ながたTMO・観光事業部長」という肩書が適切かもしれない。阪神淡路大震災の「被災の街」長田「で」来街者に何を体験してもらうか。商店街「を」体験してもらうなら買い物であろうが，それでは復興には程遠い。「で」の発想だから，長田を復興の街・社会学習の街として捉え直すことができ，そのことで長田を「観光の街」にしていった。それは，商店街が観光資源になると気づいたから可能になった街づくりである。

　「観光の街」長田というビジョンがあるから，復興の姿を修学旅行の生徒に来てもらい震災学習のコア体験の一助になろうと考える。そのためにはどうしたらいいのか。まず，抵抗する一部の商店主を説得もした。復興のための商品づくりも長田名物の「ぼっかけ」を活用しさまざまなメニューも開発した。修学旅行に関してはJTBが，名物商品の開発や流通には神戸の企業が複数協力した（図表7-3）。

　長田の街づくりもビジョンに基づいた活動である（図表7-5）。観光資源としての商店街に気づいた森崎は，商店街のビジョンのもと地域の中に死蔵された資源をこれまで関係のなかった多様な人たちにつなぎこれを編集していくことで，新たなビジネスを起こし街を活性化させていった。新たにつながった関係者たちも，商店街にとっては重要な経営資源になった。近畿タクシーも移動

図表7-5 街づくりとビジョン

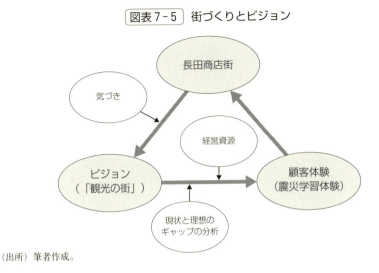

(出所) 筆者作成。

の足としてこの「観光の街」ビジネスに貢献した。

3．タクシーで地域の問題解決を

　ロンドンタクシーの成功や震災後の長田の街づくりに関わった森崎は，地域を絞り込み近畿タクシーの事業を「地域密着事業」として方向性を定めた（図表7-6）。地域密着とは，地域の不満や不安を解消したり地域の願望を実現させることである。それがビジョンに該当し，以前から森崎が切望していた「乗客と乗務員が互いに顔の見える関係づくり」は，そのための行動基準として見てよいだろう。顧客を近畿タクシーの本社から半径2km内に住む住民に絞り込み，行動基準に基づいてその住民にお役に立つ近畿タクシー独自のサービスを企画しお客様を増やすことで，仕事のやり方を変えていった。
　タクシー「で」地域の願望実現や不安・不満解消を体験してもらうビジネスモデルへの転換である。もちろんタクシーが単に移動するだけの手段ではない。具体的には図表7-7のようなサービス・メニューを提案した。これらは一見

バラバラのサービス・メニューのように見えるが,「ビジョンを基にタクシー「で」顧客のコト体験をサポートする」という意味で一貫性のあるサービス展開であることが分かる（図表7-6）。

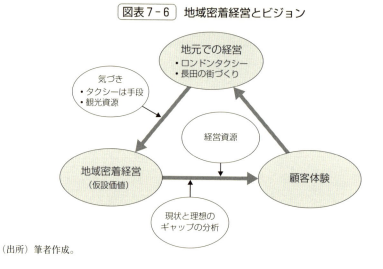

図表7-6　地域密着経営とビジョン

（出所）筆者作成。

図表7-7　地域密着事業のサービスメニュー

ビジョン	サービス	コト価値
地域密着経営	お花見タクシー	地元の人が気軽に地元の桜を楽しむことができる
	安心かえる号	親のみならず塾側も安心して子供を帰宅させることができる
	出前タクシー	飲食店のビジネスをサポートすることで最終顧客がよろこぶ
	海の家タクシー	お客さまが須磨の海岸を気軽に楽しむことができる
	星空の車いすタクシー	当日の夜でも配車する介護タクシーで,乗務員は介護士の資格を有している。安心,便利を提供
	有馬温泉日帰りの旅	温泉や食事を手ごろな価格で楽しめる 車いすのお客様に安心して利用していただくサービス

（出所）筆者作成。

4．タクシーで神戸の魅力を

　地域密着の経営を行っていた近畿タクシーは地元だけに限らず，神戸の観光資源を活用したビジネスを展開している（**図表7-8**）。それは，「地域資源発掘タクシー」，「地域資源高揚タクシー」というビジョンのもとに展開される。神戸は観光都市でもあるが，森崎はありふれた日常のことでも光の当て方によってはそれが観光のウリになると考える。光の当て方次第で，埋もれていた観光資源を顕在化させ（「地域資源発掘タクシー」），すでに認知されている観光資源はその価値をより高める（「地域資源高揚タクシー」）。そのスポットの当たった観光資源を，移動手段であるタクシーで付加価値的につないでいくことに近畿タクシーは取り組んだ。その根底には，「もっと地域に目を向け，もっと新しいことを」という思いがある。

　観光資源事業でも「観光資源を発掘もしくは高揚する」というビジョンのもとに，タクシーでさまざまなコト価値を体験できるようにさまざまなサービス・メニューを提供している（**図表7-9**）。この事業展開にあたり，乗務員だ

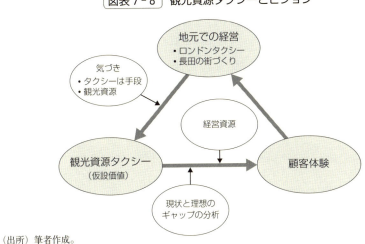

図表7-8　観光資源タクシーとビジョン

(出所) 筆者作成。

図表7-9 観光資源タクシーのサービス・メニューの例

ビジョン	サービス	コト価値
地域資源発掘・高揚タクシー	神戸スイーツタクシー	スイーツの美味しい店を回るだけでなく，サプライズも準備
	牛車タクシー	大河ドラマ「平清盛」にあやかり平家一門になりきり貴族の衣装で平清盛ゆかりの地をめぐる また，清盛ゆかりの地だけでなく，清盛をモチーフにしたお土産が買える商店街もめぐり，「ドラマ館」か「歴史館」まで送り届ける
	銀幕タクシー	神戸で撮影された映画のロケ地をめぐる
	神戸ジャズタクシー	高品質のスピーカーから流れるジャズに浸りながら夜景スポットとジャズクラブをめぐる
	ブレッドタクシー	美味しいパン屋をめぐる
	神戸ビーフタクシー	美味しいステーキ店をめぐる

（出所）筆者作成。

けでなく各サービスに関連するお店や企業，商店街の関係者の協力が得られたのも，明確なビジョンがあったからである。森崎の基本的なスタンスである「まずは地域，次にお客さん。最後に会社がもうかればいい」は，ビジョンに基づいた「三方よしの経営」といえよう。

5．コト・マーケティングの基盤としてのビジョン

　このような近畿タクシーは，『もっと広く託してタクシーを目指します！』というビジョンを掲げて，「地域資源発掘タクシー」，「地域課題解決タクシー」（当初の「地域密着経営」からの発展），「地域資源高揚タクシー」という3つのサブ・ビジョンを展開している。この3つのサブ・ビジョンの展開は企業規模が大きければ，それぞれが1つの事業部のビジョンとして成立する可能性をもつ。

　ケースからも分かるように，近畿タクシーははじめからこのような明確なビジョンを掲げていたわけではない。

図表7-10 近畿タクシーのビジョン展開とサービス・メニュー

ビジョン	具体的な事例	顧客以外の主な関係者
[1] 観光と福祉	ロンドンタクシーの活用→コト価値の気づき	乗務員，取引先
[2] 地域資源の活用	「被災の街」長田を「観光の街」へ	取引先（地元企業，商店街等）
→観光資源発掘タクシー 観光資源高揚タクシー	神戸スイーツタクシー，牛車タクシー，銀幕タクシー，神戸ジャズタクシー，ブレッドタクシー，神戸ビーフタクシー，等	
[3] 地域密着経営	以前から「乗客と乗務員が互いに顔の見える関係づくり」を切望 地域住民への多様なコト提案	地域
→地域課題解決タクシー	お花見タクシー，安心かえる号，出前タクシー，海の家タクシー，星空の車いすタクシー，有馬温泉日帰りの旅，等	

（出所）筆者作成。

　図表7-10のように，近畿タクシーは，当初事業の柱として観光と福祉を考えていた。そのうちの観光事業で導入したロンドンタクシーの活用を通して，顧客の体験価値，つまりコト価値の重要さに気づいた。

　震災後の長田の街づくりでも，来街者の体験価値を重視した活動を行っている。来街者は買い物客だけではない。被災の街という特殊な環境を社会学習者にとって価値あるものとしてプロデュースしていった。タクシーの役割は，そこでの移動手段というだけである。

　街づくりを通して地域住民との絆の大切さを実感した森崎は，「地域密着経営」を意識するようになった。地域住民にさまざまなメニューを提案できたのは，「地域密着経営」というビジョンのもと「乗客と乗務員が互いに顔の見える関係づくり」という行動基準があったからだと推測される。なぜなら，運転以外の多様な対応が乗務員には求められ，乗務員も臨機応変に対応しているからである。

　これら3つの経験を通して，現在近畿タクシーは「観光資源発掘タクシー」と「観光資源高揚タクシー」，「地域課題解決タクシー」というサブ・ビジョン

図表 7-11 ビジョンと顧客価値

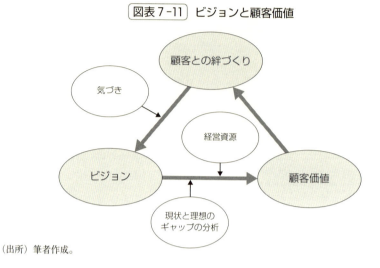

(出所）筆者作成。

と「もっと広く託してタクシーを目指します！」とビジョンを明示している。そして，各サブ・ビジョンを具体的に実践することで，コト価値が顧客に提案されている。つまり，コト・マーケティングを実践するための基盤としてビジョンが存在することが分かる。

以上のような一連のビジョンの形成から展開に至るプロセスは**図表 7-11**に示される。

VI. ビジョン展開の方法

1．ビジョン実現の方法

ビジョンを掲げたからといって，新たなビジネスが展開できるわけではない。では，どのようにすればいいのだろうか。

まず，ビジョンの特徴を確認しよう。ビジョンは，長期志向，未来志向である。ただし，この場合の未来は過去から現在の延長線上にあるのではなく，

ジャンピング・ポイントとしての未来である。これは，経営計画を策定する際に現状の課題を列挙して優先順位順に1つずつ解決していくというようなものではない。それは，メイク・ベターという改善がメインになる。これに対してジャンピング・ポイントとしてのビジョンは，他者が驚くような常識を超えたあるべき姿を掲げ，そのあるべき姿を達成するためにやらなければならない課題を発見し解決していく。そこには改善よりも改革が求められる。近畿タクシーの事例で考えると，「託してタクシー」の地域課題解決タクシーや観光資源発掘・高揚タクシーというビジョンは，ジャンピング・ポイントとしての未来像である。

ビジョンの3つの特徴（長期志向，未来志向，ジャンピング・ポイント）が分かったが，ビジョンはどのように実現するのだろうか。**図表7-12**を見ても

図表7-12 ビジョン実現アプローチ

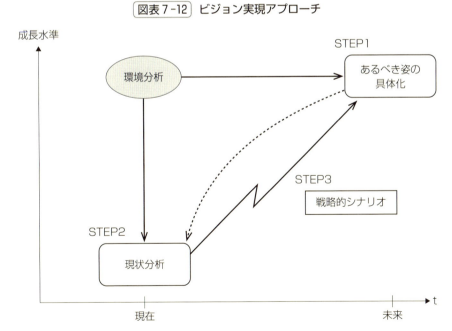

（出所）マーケティング・ソフト研究会資料。

らいたい。ビジョンを実現するには，顧客価値に基づいた「あるべき姿」の具体化がまず必要になる（STEP1）。「あるべき姿」とは，カスタマー・ファーストの目標が達成された状態のことである。その実現に必要な課題を明確化する。近畿タクシーの場合は具体的にどうしたであろうか。

　近畿タクシーは，ロンドンタクシーや長田の商店街の経験から地域の重要さに気づき，単にタクシーに乗っていただくのではなく，本社から半径2km以内に絞り込んだ住民の声に応えることで喜んでもらえることをしようと，「地域密着経営」を考えた。では，そのためには何をしたらいいのか。地域に密着するための課題として，移動手段であるタクシーを使って解決できる地域住民の困りごと・願望を明確化した。住民は高齢者が多い。しかも，自家用車を保有しない。地域的にも坂道が多い。このような環境で，たとえば，昔よくやっていた近隣の公園での桜の花見も難儀になっている。夏は子供を連れて須磨まで海水浴に行っていたが今は孫が来ても海水浴に連れていけない。塾帰りの子供が震災後の空き地になった住宅街を1人で帰っている。タクシーを使うと解決できそうな地域の課題が複数明らかになった。これらの課題が解決された状態が「あるべき姿」である。

　続いて，STEP2の「あるべき姿」実現のための問題分析（現状分析）である。STEP1で具体化された「あるべき姿」を実現するうえで障害となる問題を明らかにし，その優先順位を明確にして対策を考える。特に，これまで気づかなかった新しい問題の発見がカギとなる。

　たとえば地域課題の1つである花見タクシーの場合でも，単にタクシーで花見のできる公園にタクシーを走らせるだけではカスタマー・ファーストのサービスにはならない。乗客は純粋に花見を楽しんでもらうだけ。それが実現するためには，場所取りをどうするか，花見が盛り上がるようなコンテンツはどうするか，帰りの片づけはどうするか。花見のために家を出る前から帰宅するまでのプロセスで，何を近畿タクシーとしてお手伝いしたらいいのか。乗務員たちとの議論からさまざまな問題が示され，その解決のために優先順位がつけられた。

最後が，STEP 3 の戦略的シナリオである。STEP 1 で具体化され STEP 2 で検証された「あるべき姿」を実現していくために戦略方針や戦略シナリオづくりを行う段階である。STEP 1 で具体化された課題の内容や STEP 2 における問題解決の優先度等を考慮し，それぞれの課題到達時期と問題解決時期を明確にしたうえで，戦略的シナリオとしてまとめ上げる。

花見タクシーの場合は，お花見セットの準備をいつまで何セット揃えるか。宣伝をどのような形でいつまでに行うのか。などといったことを計画に従って解決し，サービスの提供を始めた。

ビジョン実現のアプローチについて，1つのビジョンの下3つのサブ・ビジョンをもつ近畿タクシーの事例としても絞り込んで説明したが，近畿タクシーが「託してタクシー」をビジョンとして掲げている以上，近畿タクシーに何が託されるのか。それを発見すればサブ・ビジョンの数は増え，新たな種類のサービス・メニュー群が提供される可能性を同社は有する。

ビジョン実現アプローチにおいて，顧客との関係や従業員との関係が重要なのだが，その他にも取引先との関係，地域との関係も重要になってくる。特に地域との関係性は，第6章で取り上げた CSV 経営を展開することも可能になる。カスタマー・ファーストのビジョンを実現するには，顧客や従業員だけでなく取引先との関係や地域との関係をビジョンに基づいて展開することも独自性の発揮，つまり他社との差別化につながる。

2．ビジョンとコト・マーケティング

ここまでビジョンの展開を考察してきたが，ビジョンとコト・マーケティングの関係はどうなっているのだろうか。これまで示してきた両者の関係は，図表 7-13 として示される。環境や顧客との絆づくり活動というリレーションシップから何らかの気づきを得て，事業のビジョンへと発展する。ビジョンはカスタマー・ファーストという性質をもった事業のあるべき姿であり抽象的であるが，このビジョンを基に現状分析を行うことで，取り組むべき独自の課題

図表7-13 ビジョンとコト・マーケティング

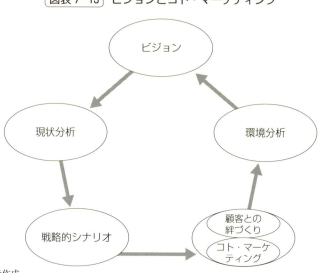

(出所) 筆者作成。

が明らかになる。それらの課題を解決していくシナリオを作成・実行していくことで，顧客のコト・プロセスにおいて一連の価値を提供することになる。

ビジョンを実現するプロセスを明らかにすることで同時にコト・マーケティングが行われていることが明らかになったが，約束事として機能するビジョンはどのような構造であればいいのだろうか。次節では，そのことについて説明する。

VII. マーケティング・ビジョンの構造

約束事として機能するビジョンはどのような構造なのだろうか。ここでは，これまでのレビューで明らかになったことをもとに企業ビジョンの3要素からなる企業ビジョンの構造を提示する（図表7-14）。

まず，「企業使命」である。最初に企業は，自身の社会的な存在価値をどうつくっていくかということを考えなければならない。ビジョナリー・マーケ

図表7-14 企業ビジョン3要素

	企業使命 →	企業理念 →	成長目標
テーマ	企業の社会的存在価値づくり	社員の行動基準づくり	社員が情熱を傾けうる目標づくり
内容	独自の「戦う"土俵"づくり」を目指して，自らが「社会や顧客に"何"をもって"どのように"役立ちうるのか」を明確化し，その実現を約束する	「企業使命」を遂行するうえで，「何を大切にし何を守り抜くか。絶対にやらないことは何か」《企業の魂》をはっきりさせ，企業としてのマーケティング姿勢を訴求する	「企業使命」「企業理念」の実現を目指した到達目標《あるべき姿》を明確にし，社員や顧客と共有化する

(出所) マーケティング・ソフト研究会資料。

ティングは顧客とつながっていく経営だということが明らかになった。近畿タクシーの事例からも分かるように，ビジョナリー・マーケティングを行っている企業は独自の「戦う"土俵"づくり」を行っている。そこでは，自社が「社会や顧客に"何"をもって"どのように"お役に立つか」ということを明確にし，その実現を約束している。そうすることで，当該社会や顧客にとってなくてはならない存在になっている。

次は，「企業理念」である。これによって，全社員の行動基準を示す。近畿タクシーは「乗務員と乗客の顔の見える関係」をとても大事にしている。ロンドンタクシーの事業から観光資源開発・高揚タクシー，地域課題解決タクシーとビジョンを展開していくなかで，この乗務員と顧客の関係は常に守られてきた。このような，「企業使命」を遂行するうえで，「何を大切にし何を守り抜くか。絶対にやらないことは何か」という企業の魂ともいうべきものをはっきりさせて，企業としてのマーケティング姿勢を訴求していくことが求められる。

3つ目として，「成長目標」もしくは「マーケティング目標」がある。これは，社員が情熱を傾けうる目標づくりを意味する。上記の企業使命と企業理念を実現したうえで到達する具体的な目標（あるべき姿）が社員の情熱を引き出す。この到達目標を実現するには投資が必要となる。それゆえに，前年対比ではない数値で示された到達目標が不可欠である。ただし，結果としてどれくら

いの数値を達成できるのかということは，事業の企画提案を行ううえでも必要である。近畿タクシーのケースでは明示されていないが，到達目標として，たとえば「予約営業率◎割」とするのもいいだろう。

このような企業ビジョンを明確にすることは，目指すべき目標づくりをすることであり，それは同時に戦い方を変えることを意味する。なぜならば，顧客や社会とつながっていく経営を展開することで，独自の顧客価値提供スタイルを確立していくからである。その前提に，価値創造の主役は顧客であり，それゆえに競争の源泉は川下にあるという認識があるからだ。

VIII. ビジョンでつながる

顧客（にとっての）価値の重要性がマーケティングの世界で認識されている。しかし，それは製品・サービスレベルのマーケティングでの議論が中心である。本章では，体験価値を重視するコト・マーケティングの基盤としてのビジョナリー・マーケティングについて論じてきた。ビジョナリー・マーケティングに基づいてコト・マーケティングが行われるなら，それはビジョン経営ともいえよう。なぜなら，それは全社をあげて顧客とつながっていく経営を志向するからだ。従業員は顧客との関わり合いの中で顧客価値の提供につながるか否かを行動基準にして活動する。

このようなビジョナリー・マーケティングの実践のために，ビジョンの構造を明らかにした。企業ビジョンの3要素の具体的な実践は，顧客との変化し続ける関わり合いの中でその都度見直され，その時々の新たな気づきに基づいて展開されていく。

ビジョナリー・マーケティングで，顧客とどのようにつながっていくかを示し，コト・マーケティングで具体的なコトを提案し体験価値を提供し続けていく。そう考えると，ビジョナリー・マーケティングでは，つながり合っている顧客とのインタラクションの展開は非線形的なのである。

●注

1 ビジョンの2つの側面は,Collins, James C. and Jerry I. Porras（1994）に基づいた。ただし,伊丹・加護野（2003）や伊藤（2000）も同様な見方をしている。
2 エーザイの事例は,石井（2014）に詳しく書かれている。
3 第5章に記されているコト・プロセスにおける体験である。
4 近畿タクシーのケースは,2010年の㈱CMCでの講演,2013年の流通科学大学での講演と,以下の参考資料を基に作成した。『月刊事業構想』2013年5月号,『理念と経営』2011年8月号,『月刊ベンチャー・リンク』2009年12月号。
5 30分貸しで200〜300円であった。そのため安いとの声が多かった。
6 当初はタクシーのあり方を論じる場として開設したが,意外なサービス案が多く集まったため,ユニークなタクシーの提案コーナーに一新した。

| 終章 |

ビジョンとコト，差別化

1．コト・マーケティングが体験価値を創る

　第1章では「モノからコトへ」と言われたその意味を時代ごとに考察してきた。顧客は消費の価値をライフスタイルや記号，体験と，製品の機能以外のものに見出すようになってきた。そのような背景の下，第2章では脱コモディティ化戦略のフレームワークの下，価値の捉え方や価値創造の主役，つまり顧客と企業の役割などを考察することで，価値の捉え方や顧客の果たす役割が大きく変化していることが明らかになった。

　そこで，第3章では第2章で明らかになった価値の捉え方や顧客の果たす役割を明らかにするために，大和言葉である「こと」の解明を基に，「モノからコトへ」のコトを定義し，新たな顧客像を明確にしたコト・マーケティングを提唱した。その特徴は，従来のマネジリアル・マーケティングとの比較によって明らかにされている。

　コトとは，「顧客が状態や動作としてあること」であった。つまり，製品やサービスを手段として顧客が何かを体験している状態や何かを体験する動作を行っていることがコトである。その体験は製品やサービスの機能がもたらす体験を超えている。機能がもたらす体験とコトがもたらす体験の違いは，助詞の「を」と「で」を用いて説明したように，たとえば自転車「を」楽しむと，自転車「で」楽しむ，の違いに表れる。前者はどうしても自転車そのものの機能や性能に囚われてしまう。後者の場合は，自転車は観光を楽しんだり，健康経営を促進する（第6章参照）といった何かを体験するための手段である。第3

章の事例にあった十勝バスも，バスは単なる移動の手段だと気づいたことで，市民にバス「で」何かを体験してもらうためにさまざまなサービス・メニューを開発している。

　コト・マーケティングをはじめて明確に定義したがゆえに，第4章で考察したように実務世界ではコトの意味が多義的に用いられていることが明らかになり，その結果，ビジネスにおいてコトが重要と言っても，顧客へ体験価値を提供するためにサービスを提供すればよいという，単なるサービス・マーケティング化しているビジネスも少なくないことが分かった。つまり，「を」の発想から「で」の発想にシフトしなければならないことに気づかないために，機能が提供する体験価値を一生懸命アピールしている事例が案外多いということが分かった。とは言え，モノを売るよりもコトを売るという流れは，コトの多義性という問題はあるものの多くの企業が取り組み始めている。しかし，アピールする必要もないような体験をアピールするだけで，従来の売り方と比べてさほど魅力的なアピールポイントになっていない企業も少なくない。

　お中元やお歳暮をコト価値で売るといっても，取扱商品がモノからサービス商品に広がったにすぎない事例もあるだろう。消費者からすると，それまでモノとしての商品の販売だけでなくサービス商品に取り扱い対象が拡大したとしても，何が魅力的なのだろうか。売上を上げるため，場合によってはノルマを達成するためにコト消費のトレンドに乗っかっただけにしか見えないものもある。たとえ消費者がこのサービス商品でそういう体験ができるのかと関心をもって購入しても，その後のフォローアップまで含めた顧客との関係性を構築していこうという姿勢が見られない，売ったら終わりという姿勢の企業もある。

　コト価値の重要性を強調するが，差別化に成功する企業とそうでない企業との違いは何であろうか。それをさらに示しているのが第5章と第6章である。

　第5章では，価値共創の研究にヒントを得て，プロセス視点からコト・マーケティングを探究した。そのプロセスとは，生産プロセスと消費プロセスという企業と顧客の分断された視点ではなく，顧客がさまざまな体験を重ねていくというコト・プロセスに注目し，コト・プロセスで顧客に体験価値や感情価値

を知覚してもらうために，企業は生産プロセスや購買プロセス，消費プロセスで何をすべきかということを考察している。

　たとえば，生産プロセスでは，特別な体験価値を知覚してもらうための道具として製品・サービスをどのようなものにしたらいいのかということを考える必要があるだろう。そのためには，顧客とのインタラクションが求められるかもしれない。また，購買プロセスでは，顧客に将来的な（使用）価値について正しい期待をしてもらえるような顧客とのインタラクションが求められるだろう。2分法（生産プロセスと消費プロセス）でいうところの消費プロセスでは，顧客に体験を重ねてもらうために，顧客の購買後もさまざまな顧客とのインタラクションの場を設定して，特別な体験価値を臨機応変に提案し続けることが求められるだろう。企業側から見るとこれら3つのプロセスは分けて考えられるが，顧客の立場に立つと3つのプロセスのつながり方とそこでのインタラクションが顧客価値にとっては重要になる。第5章で取り上げたスノーピークの事例では，ヘビー・キャンパーのためのテントづくりから始まった製品開発やスノーピークウェイの開催，チャネル改革などがあげられているが，各ステージにおけるビジネスの展開は，顧客とのインタラクションから導き出された仮説価値をもとに展開される各ビジネスの実現によって顧客は体験価値を認識する。顧客は店舗での購買段階やキャンプでの製品使用段階で，さまざまな体験価値を認識する。このさまざまな体験価値のプロセスがコト・プロセスであるが，さらに企業はこのコト・プロセスを生み出すべく，ビジネス・プロセスを展開することになる。

　ここまで見てきて，マーケティングは売上や利益を上げるための手段であるという視点で書かれていないということに気づく方もいるであろう。売上や利益といった経済的価値は結果であり社会的価値を追求することで経済的価値も向上するという共通価値の実現のために，コト・マーケティングが役に立つということを，第6章ではシマノを事例に取り上げて考察している。

　共通価値を実現する方法としてPorter and Kramer（2011）は，独自のポジショニングに関わる「製品と市場の見直し」と，独自のバリューチェーンに関

わる「バリューチェーンの生産性の再定義」と「地域社会でのクラスター形成」をあげている。その中で，コト・マーケティングが最も活かせるのが，「製品と市場の見直し」である。

「製品と市場を見直すこと」に関しては，コト・マーケティングが提供する顧客体験のテーマを社会的課題解決にして体験価値を追求することで，可能となる。シマノは，自転車は健康促進に貢献することを医学的エビデンスで示し，散走というコンセプトをもとに自転車文化の促進を行いながら，自転車によって地域活性化や健康経営の推進をサポートしている。

そもそもシマノは，創業者自身が取引先とのコミュニケーションを重視しながらビジネスを行ってきた。その下地があって，欧州でのロードレースのプロチームと共に選手のレース体験を向上させるためにシステム・コンポーネントという理念を確立し，シマノ・インデックス・システムやシマノ・トータル・インテグレーションを開発した。選手のレースのクオリティを上げるには部品の性能だけでは困難で，フリーホイールや変速機，ブレーキ，クランクなどがトータルに機能するシステムの開発によって勝てるレースができるようになった。

米国での市場開拓は，小売店とのコミュニケーションを通して消費者やディーラーの情報収集を行い，米国市場にマッチした部品開発やチャネル開拓を行った。本格的に米国市場に進出したがゆえに出会ったMTB萌芽期のユーザーたちとは，協力し合いながら他社に先駆けてMTB専用のコンポーネントであるデオーレXTを発売した。この意味は，MTBが単なる流行で終わるかもしれない時代にリスクを取ってシマノが率先して専用コンポーネントを開発することで，MTBという新たな自転車文化，つまり社会的価値の創造・発展に貢献したということだ。

日本でも自転車文化の普及には力を入れている。自転車ファンを増やすためにさまざまなイベントを行ってきた。それらのイベントとともに，散走というコンセプトのもと，「自転車で楽しむ」文化の普及に力を入れている。具体的には自転車でいろいろなところをめぐって楽しむ。それが発展して，地域の観

光資源をめぐるイベントで地域おこしを促進する。地域おこしのノウハウの共有のために，OVE地域交流会も開催している。また，自転車はそもそも健康にいいということを医学的エビデンスを示しながら企業の人事部に働きかけその企業の健康経営の推進のお手伝いも行っている。

このような，コト・マーケティングで追求するコト価値のテーマを社会的テーマとして設定することで，共通価値の追求が可能となる。

II．ビジョンがコト・マーケティングを導き，差別化に成功する理由

さて，第4章から第6章にかけて考察してきたコト・マーケティングを企業として実践し続けることに不可欠な要素は何であろうか。つまり，製品の機能だけでは顧客の問題解決は困難な環境でコト価値を提供し続けるビジネスに不可欠な要素は何かということだ。それはビジョンであるということを第7章で考察してきた。

第7章の補足になるが，ビジョンとの関係で戦略とは何かについて伊丹・加護野（2003）は次のようなことを記している。戦略とは何か。戦略とは，「市場の中の組織としての活動の長期的な基本設計図」である（伊丹・加護野，2003）。この定義にある基本設計図という用語には「こうしたい」という意図や夢を込めた構想であることを含意している。「こうしたい」という意思，構想が戦略であり，自分たちはどういう企業になりたいか，それを語るのが，戦略という構想であると，伊丹・加護野（2003）は述べる。

この基本設計図としての戦略をさらに押し進めると，戦略とは次のような定義になる。戦略とは，「企業や事業のあるべき姿とそこに至るまでの変革のシナリオ」を描いた設計図，である。この戦略を示すために図表終-1がある。あるべき姿と変革のシナリオ，という戦略の2つの部分と目標および現状との関連が示されている。目標は，到達すべきゴールを示すもので，たとえば世界一のシェアを目指すといったようなものである。その目標を達成するために，企業活動の内容がどのようなものになっていなければならないかを描くのが，

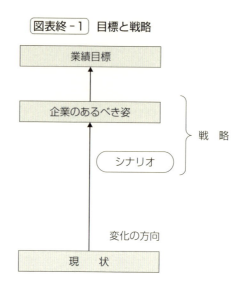

(出所) 伊丹・加護野 (2003)。

「あるべき姿」である。したがって，あるべき姿を達成した結果が目標達成になるともいえる。

　しかし，企業の現状を考えると，その「あるべき姿」との間にギャップがあるのが普通であろう。そのギャップを埋めるために，さまざまな変革が必要とされる。そうした変革が起きなければ，現状から出発してあるべき姿には到底到達できない。そのための変革のシナリオが，戦略の重要な要素にあげられる。

　伊丹・加護野（2003）は，目標そのものを戦略の内容には入れていない。なぜなら，目標を決めただけで戦略を決めたと錯覚する人が多いからだと示す。目標だけなら単なるスローガンにすぎない。戦略という「活動の設計図」の内容としては，企業活動のあるべき姿とそこに至る変革のシナリオが示される必要がある。したがって，「あるべき姿」と「変革のシナリオ」の2つが揃って初めて戦略と言えるのである。

　しかし，残念ながらコト・マーケティングを実践するのにこの図が適切であるとは言えない。なぜなら，現実的には図表終-1における目標が市場シェア

図表終-2 前年対比発想の経営戦略

戦略構築 ⟶ 中長期計画
《現　実》：現状の問題点の打破 ⟶ 改善

課題 ┤ ① ② ③ ④ ……

（出所）筆者作成。

や売上をいかに上げるかといった前年対比発想の目標になりがちだからである。売上アップによるシェアの奪い合いの戦略では，競争が重要なキーワードになっている。

　そのため，図表終-2のように中長期計画による戦略構築も，現状の問題点の打破のために課題が列挙され，その解決が戦略であり，戦略は現状の改善活動的なものになり，現状の維持もしくは向上にしかつながらない。目標の達成は，前年対比で売上や市場シェアを徐々に向上させることで達成するということになる。

　このような戦略の枠組みでは，未来は過去から現在の延長線上に存在することになって，コモディティ化を免れることはできなくなる。脱コモディティ化戦略（第2章）を実現するには，ビジョン設定が重要になってくる。過去から現在の延長線上から外れたところ（ジャンピング・ポイント）に未来のビジョンを描くことが必須になる。このような変化をもたらすであろうビジョンに基づいた戦略こそが，未来志向，革新的変化志向であり，「非」常識的なビジョンの実現に向けた活動であるといえる。そのような枠組みを示したのが，第7章の図表7-12である。

　では，この「非」常識的なビジョン（あるべき姿）とコト・マーケティングがどのように関係しているかという点について図表終-3をもとに見てみよう。コト・マーケティングでは従来のマーケティングでは実現できない体験価値

図表終-3 コト・マーケティングを導くビジョン経営

(出所) 筆者作成。

を提供する。つまり,「を」と「で」の発想(第4章)の違いから始まるビジネス展開(第5章・第6章)は,これまでの常識にとらわれない新しい常識が求められるのだが,その新しい常識による顧客のあり方やビジネスのあり方をあるべき姿として描けるかどうかがポイントになる。このビジョンは,競合他社から見ると「非」常識的なあるべき姿である。

「非」常識的なビジョンを基に中長期計画を立てるプロセスはどうなるだろうか。他社にとって「非」常識的なビジョンはオリジナルなものになるので,そのビジョン実現のために見えてくる課題も,他社とは異なってくる。それらの課題は他社が気づかない課題だったり,他社には重要でない課題である。これら独自的な課題群を解決するという戦略の実行こそが,差別化成功の要因になる。

また,この「非」常識的なビジョンを実現するシナリオも当然,従来の常識的なマーケティングではなく,「非」常識的なマーケティングによって実行される。この「非」常識的なマーケティングがコト・マーケティングである。この「非」常識的なマーケティングによって,顧客は特別な体験をする。ブランドを簡単に言うと顧客にとっての意味であるが,コト・マーケティングによって顧客は特別な体験をすることになるので,それはブランド戦略にもなる。

このコト・マーケティングを方向づける企業のビジョンによって,コーポ

レート・ブランドは顧客だけでなく従業員や投資家などにも意味のある存在になるのである。

　「で」発想から始まるコト・マーケティングであるが，顧客の価値はコト・プロセスに基づいて提供されなければならない。コトのテーマによっては社会的価値の追求も可能になる。そのような企業活動の軸は企業のビジョンであるということが，本書では明らかになった。第3章から第7章の各章で取り上げた企業のケースは，当該章の目的に合わせて記述しているが，「ビジョン−コト・マーケティング」のフレームワークは，これらの各企業ケースにも共通することである，ということに気づかれたであろう。

参考文献

[第1章]

青木幸弘 (2011)「顧客価値のデザインとブランド構築」『価値共創時代のブランド戦略』(青木幸弘編著), 第1章, ミネルヴァ書房。

青木貞茂 (1985)「饒舌な商品たちの詩学」星野克美著『記号化社会の消費』, 第2章, HBJ出版局。

天野正子 (1996)『「生活者」とはだれか』中央公論新社。

井関利明 (1979)「ライフスタイル概念とライフスタイル分析の展開」村田昭治・井関利明・川勝久編著『ライフスタイル全書—理論・技法・応用』, 第1章, ダイヤモンド社。

奥井俊史 (2008)『ハーレーダビッドソン ジャパン実践営業革新』ファーストプレス。

大塚英志 (1989)『物語消費論—「ビックリマン」の神話学』新曜社。

科学技術庁編 (1980)「成長のための科学技術」『科学技術白書 昭和55年版』, 第1章第2節 http://www.mext.go.jp/b_menu/hakusho/html/hpaa198001/hpaa198001_2_009.html 2015年3月13日閲覧。

川勝久 (1976)「ライフ・スタイル・セグメンテーション」小嶋外弘・村田昭治編著『マーケット・セグメンテーションの新展開』, 第6章, ダイヤモンド社。

『季刊消費と流通』編集部, (1986)「消費論 マーケターの評価」『季刊消費と流通』, Vol.10, No.3, 13-25頁。

経済企画庁編 (1986)『国民生活白書』昭和61年版, 56-62頁。

経済企画庁国民生活局編 (1984)『消費構造変化の実態と今後の展望』71-73頁。

経済同友会 (2009)『個人消費社会から時間消費社会へ』 http://www.doyukai.or.jp/policyproposals/articles/2009/pdf/090518a.pdf 2015年3月4日閲覧

小嶋外弘 (1979)「消費者行動分析とライフスタイル」村田昭治編『ブレーン別冊 現代のマーケティング理論と実務』第4章:理論編, 誠文堂新光社。

小嶋外弘・村田昭治編著 (1976)『マーケット・セグメンテーションの新展開—市場再開発の理論と戦略』ダイヤモンド社。

須藤春夫 (2012)「広告と消費社会」『社会志林』58 (4), 11-26頁, 法政大学社会学部学会。

巽健一 (1976)「広告とマーケット・セグメンテーション」小嶋外弘・村田昭治編著『マーケット・セグメンテーションの新展開』第9章, ダイヤモンド社。

辻井喬・上野千鶴子 (2008)『ポスト消費社会のゆくえ』文藝春秋。

内閣府編 (2003)『国民生活白書』平成15年版, 4-45頁。

博報堂生活総合研究所 (1985)『「分衆」の誕生』日本経済新聞社。

平野隆 (2005)「日本における小売業態の変遷と消費社会の変容」『三田商学研究』48 (5),

165-185頁。
廣松渉（1982）『存在と意味—事的世界観の定礎』岩波書店。
藤岡和賀夫（1984）『さよなら，大衆』PHP研究所。
星野克美（1984）『消費人類学　欲望を解く記号』東洋経済新報社。
星野克美（1985a）『消費の記号論』講談社。
星野克美（1985b）『記号化社会の消費』HBJ出版局。
松原隆一郎（2000）『消費資本主義のゆくえ—コンビニからみた日本経済』筑摩書房。
村上泰亮（1984）『新中間大衆の時代』中央公論社。
村田昭治（1979）「マーケティングにおけるライフスタイル戦略」村田昭治・井関利明・川勝久編著『ライフスタイル全書—理論・技法・応用』第6章，ダイヤモンド社。
村田昭治・井関利明・川勝久編著（1976）『ライフスタイル全書—理論・技法・応用』ダイヤモンド社。
山崎正和（1984）『柔らかい個人主義の誕生』中央公論社。
日経ビジネス（2016）「〔PART3〕＜新ネットサービスからモノ作り，人材まで＞過去とは決別「これが私の生きる道」（特集　買いたい服がない　アパレル"散弾銃商法"の終焉）」『日経ビジネス』，2016/10/03号，40-43頁。
Adler, Alfred (1969) ed. By H. L. Ansbacher, *The Science of Living*, Anchor Book, Doubleday & Co., pp. vii-xxii および pp.38-47. (Originally published in 1929 by Greenberg, Publisher, Inc.)
Baudrillard, J. (1970) *La Société de Consommation, Ses Mythes, Ses Structures*, Denoël. （今村仁司・塚原史訳『消費社会の神話と構造』紀伊國屋書店，1979年）。
Baudrillard, J. (1968) *Le Système des Objets*, Gallimard. （宇波彰訳『物の体系』法政大学出版局，1980年）。
Hanan, M. (1972), *Life-Styled Marketing*, American Management Association. （村田昭治・井関利明訳『ライフスタイル戦略』ダイヤモンド社，1975年）。
Lazer, Wiliiam (1963) "Life Style Concepts and Marketing," in S. A. Greyser, ed., *Toward Scientific Marketing*, AMA, pp. 130-139
Levy, Sidney J. (1963) "Symbolism and Life Style," in S. A. Greyser, ed., *op. cit.*, pp. 151-150
Moore, David G. (1963) "Life Style in Mobile Surburbia," in S. A. Greyser, ed., *op. cit.*, pp. 151-163
Pine Ⅱ, B. J. and J. H. Gilmore (1999) *The Experience Economy*, Harvard Business School Press. （岡本健一・小高尚子訳『[新訳]経験経済』ダイヤモンド社，2005年）。
Weber, Max (1968) ed. & trans. by G. Roth & C. Wittich, *Economy and Society*, (3 vols.) Bedwinster Press, Vol.1, pp.305-306

[第2章]
青木幸弘編著（2011）『価値共創時代のブランド戦略—脱コモディティ化への挑戦』ミネルヴァ書房。

井上崇通・村松潤一編著（2010）『サービス・ドミナント・ロジック』同文舘出版。
恩蔵直人（2007）『コモディティ化市場のマーケティング論理』有斐閣。
菊池一夫（2012）「サービス・ドミナント・ロジックの進展へのノルディック学派の対応」『佐賀大学経済論集』45 (1)。
楠木建（2006）「次元の見えない差別化―脱コモディティ化の戦略を考える」『一橋ビジネスレビュー』SPR.。
楠木建（2010）「イノベーションの「見え過ぎ化」―可視性の罠とその克服」『一橋ビジネスレビュー』SPR.。
楠木建・阿久津聡（2006）「カテゴリー・イノベーション：脱コモディティ化の論理」『組織科学』, Vol.39, No. 3。
田口尚史（2010）「S-D ロジックの基礎概念」井上崇通・村松潤一編著『サービス・ドミナント・ロジック』第3章, 同文舘出版。
延岡健太郎（2006）「意味的価値の創造：コモディティ化を回避するものづくり」『国民経済雑誌』194 (6)。
延岡健太郎（2010）「価値づくりの技術経営 意味的価値の重要性」『一橋ビジネスレビュー』SPR.。
延岡健太郎・伊藤宗彦・森田弘一（2006）「コモディティ化による価値獲得の失敗：デジタル家電の事例」榊原清則・香山晋編著『イノベーションと競争優位』NTT 出版。
原田保・三浦俊彦・高井透編著（2012）『コンテクストデザイン戦略』芙蓉書房出版。
南千惠子（2010）「サービス・ドミナント・ロジックにおけるマーケティング論発展の可能性と課題」『国民経済雑誌』, 201 (5)。
Grönroos, Christian (2007), *Service Management and Marketing: A Customer Relationship Management Approach* (3rd ed.), John Wiley & Sons（近藤宏一監訳, 蒲生智哉訳『北欧型サービス志向のマネジメント』ミネルヴァ書房, 2013年）
Kotler, P., T. Hayes, P. N. Bloom（2002）, *Marketing Professional Services*, 2nd ed., Learning Network Direct（白井義男監修, 平林祥訳（2002）『コトラーのプロフェッショナル・サービス・マーケティング』ピアソン・エデュケーション）
Levitt, Theodore (1969) *The marketing mode Pathways to corporate growth*, McGraw-Hill（土岐坤訳『マーケティング発想法』ダイヤモンド社, 1971年）
Lusch, Robert F. and Stephen L. Vargo (2006) *The Service-Dominant Logic of Marketing: Dialog, Debate, And Directions*, M. E. Sharpe.
Pine Ⅱ Joseph, and James H. Gilmore (1999), *The Experience Economy: Work Is Theater & Every Business a Stage*, Harvard Business School Press（電通「経験経済」研究会訳『経験経済―エクスペリエンス・エコノミー』流通科学大学出版, 2000年）
Schmitt, Bernd H. (1999), *Experiential Marketing*, Free Press（嶋村和恵・広瀬盛一訳『経験価値マーケティング』ダイヤモンド社, 2000年）
Vargo, Stephen L. and Robert F. Lusch (2004) "Evolving to a New Dominant Logic for Marketing," *Journal of Marketing*, vol.68 (January 2004), pp.1-17.
Vargo, Stephen L. and Robert F. Lusch (2006), "Service-dominant logic: What It Is, What

It Is Not, What It Might Be," Lusch and Vargo（eds.）, *The service-dominant logic of marketing: Dialog, debate, and directions*, M.E. Sharpe, pp.43-56.

Vargo, Stephen L. and Robert F. Lusch（2008）, "Service-dominant logic: continuing the evolution," *Journal of the Academy of Marketing Science*, Vol.31, No.1, pp.1-10.

［第3章］

青木貞茂（1985）「饒舌な商品たちの詩学」星野克美著『記号化社会の消費』第2章，HBJ出版局．

上原征彦（1999）『マーケティング戦略論』有斐閣．

花王株式会社（2007）『花王 CSR レポート 2007』．

花王ヘルシア HP　http://www.kao.co.jp/healthya/　2016年9月14日閲覧．

木村敏（1982）『時間と自己』中央公論新社．

長沢敏彦（2015）「お客さま密着！で地域に貢献する十勝バスの利用者増加と環境への取り組み」『平成26年度低炭素型交通社会づくりセミナー』十勝バス㈱資料．

東利一（2015）「「モノからコトへ」は何を意味したのか」『流通科学大学リサーチレター』No.23．

廣松渉（1982）『存在と意味―事的世界観の定礎』岩波書店．

北海道開発協会（2015）「地域事例①路線バスの再生～十勝バスの取り組みから～」『開発こうほうマルシェノルド』2015年3月号，8-12頁．

吉田理宏（2013）『黄色いバスの奇跡―十勝バスの再生物語』総合法令．

和辻哲郎（1935）「続日本精神史研究」『和辻哲郎全集第四巻』（1962），岩波書店．

LIFE CREATION SPACE OVE 編（2014）『散走読本』9頁，木楽舎．

Kotler, P.（1980）*Marketing Management : analysis, planning, implementation, and control [Fourth Edition]*, Prentice-Hall．（村田昭治監修，小坂恕・疋田聰・三村優美子訳『マーケティング・マネジメント（第4版）』プレジデント社，1983年）．

［第4章］

木村敏（1982）『時間と自己』中央公論新社．

新村出編（2008）『広辞苑 第6版』岩波書店．

東利一（2009）「コト・マーケティング」『流通科学大学論集―流通・経営編』21 (2)，115-127頁．

和辻哲郎（1935）「続日本精神史研究」『和辻哲郎全集第四巻』（1962）岩波書店．

日経 MJ

①2010/09/08，「防災グッズに遊び心―楽しめる価値も追求」，3頁．

②2010/10/06，「パン需要膨らめ！フランスパンなど，山ガールに「外で食べて」」，3頁．

③2010/10/11，「ブライダルの意識変化 (2) 百貨店独自の提案不可欠」，9頁．

④2010/11/08，「増えるかダンシャリアン」，7頁．

⑤2010/11/12，「人気の中古品店，販売に新手法―1万点超す商品，宝箱のように展示」，14

頁。
⑥2010/11/17，「10年度グッドデザイン賞，発想の転換，市場を変える，コンセプトも評価対象に」，18頁。
⑦2010/12/03，「関西の個性派食品スーパー—阪食，ライブ感演出，対面販売，収益力も磨く」，1頁。
⑧2010/12/24，「体験型ギフト，人気の理由—不要な「モノ」にへきえき」，13頁。
⑨2011/01/05，「コスパ世代を語る—納得消費惜しまない，漫画家浅野いにおさん」，16頁。
⑩2011/01/17，「ユナイテッドアローズ原宿本店ウィメンズ館（東京・渋谷）」，5頁。
⑪2011/01/31，「コト消費に限界なし—買いたいのは楽しさと驚き」，3頁。
⑫2011/01/05，「「スタジオ・オーヤ」デザイナー大谷敦志さん—あかりと光り，新しい関わり方，形に」，14頁。
⑬2011/04/27，「理想の結婚式，人で選ぶ—名前で売れるプランナー育成」，3頁。
⑭2011/05/02，「復活サマンサ，社長を見える化—「セレブ商法」進化，アジアで強みに」，1頁。
⑮2011/08/01，「アサヒグループHD社長泉谷直木さん—グループで個店に向き合う」，3頁。
⑯2017/03/17，「「星形ダイヤ」光る成長力」，7頁。
⑰2017/03/31，「ひと味違うシニア旅」，9頁。
⑱2017/04/09，「爽快！スパッと切れた 真剣の試し斬り」，4頁。
⑲2017/04/12，「物見遊山から「学び」重視に」，4頁。
⑳2017/04/12，「イースター 卵のお酒で乾杯」，14頁。
㉑2017/04/21，「プレモル醸造の魂伝える」，14頁。
㉒2017/04/24，「三越伊勢丹がアニメ商品」，5頁。
㉓2017/04/24，「手軽に「美」体験充実」，7頁。
㉔2017/04/26，「日本旅行 京都駅に着物レンタル窓口」，4頁。
㉕2017/05/03，「「ゾフ・マート・オールウェイズ・イン・シーズン」ルミネエスト新宿店「セルフ受付」でスムーズ」，6頁。
㉖2017/05/10，「雑貨店のワンズテラス 駅ビル内や路面店展開」，5頁。
㉗2017/05/15，「ファミリー層から富裕層に 箱根小涌園天悠」，4頁。
㉘2017/05/19，「書籍と融合 コトで売る」，5頁。
㉙2017/05/26，「ソニー，異業種と「コト」販促」，5頁。
㉚2017/06/07，「禁じ手に挑め!! ヒット商品番付」，3頁。
㉛2017/06/07，「「ふれあい動物園」SCの中で小動物と交流」，4頁。
㉜2017/06/07，「ABCコーヒー 月額制で3種飲み放題」，15頁。
㉝2017/06/14，「笛木醤油が製造体験」，14頁。
㉞2017/07/07，「日本文化でくつろぐ 京王プラザ，能楽や盆栽イベント」，9頁。
㉟2017/07/31，「子どもと楽しむ「城」スマートシティに」，9頁。
㊱2017/08/07，「鬼怒川レトロ線出発進行」，4頁。
㊲2017/08/07，「そごう千葉店別館改装 そごう・西武が来月「コト消費」充実」，7頁。
㊳2017/08/18，「そうだ民旅，行こう」，1頁。

㊴2017/09/22,「「コト」発想 体験型の店舗誕生」, 7頁。
㊵2017/08/25,「異業種ホテル「コト」重視」, 3頁。
㊶2017/09/15,「衣料売り場,「食」で呼ぶ「コト」提供 滞在楽しく」, 7頁。
㊷2017/09/25,「日本旅行, 専門紹介サイト」, 4頁。
㊸2017/09/25,「国内眼鏡市場1.5% 増」, 15頁。
㊹2017/09/27,「缶チューハイ「食」演出」, 10頁。
㊺2017/10/20,「東急百貨店, 吉祥寺店を大改装」, 7頁。
㊻2017/11/06,「小売り・外食「記念日バブル」」, 15頁。
㊼2017/11/06,「「自分磨き」の福袋」, 11頁。
㊽2017/11/20,「そごう・西武「モノ」売らない売場作り」, 7頁。
㊾2017/12/18,「イオン, 中国・武漢にSC「コト消費」取り込みへ」, 10頁。
㊿2018/01/10,「家族の記念碑として売る」, 3頁。
(51)2018/01/12,「アトレ, 土浦駅ビル改装 サイクリング施設に「コト消費」狙う」, 7頁。
(52)2018/01/26,「創業の地からおもてなし」, 7頁。
(53)2018/01/29,「ペリエ千葉 千葉の玄関にぎわい再び」, 9頁。
(54)2018/02/09,「奔流eビジネス トヨタのサービス連携」, 5頁。
(55)2018/02/09,「優良食品店コンクール 農林水産大臣賞に3店」, 11頁。
(56)2018/02/19,「AEON 生きる道はサービス業」, 1頁。

日本経済新聞

①2010/11/11,「博多阪急—梅田阪急との連携検討, H_2O 福岡会長,「商圏西日本全体で」」, 14頁(地方経済面 九州B)
②2011/01/04,「知識経営とイノベーション(1)一橋大学名誉教授野中郁次郎氏」, 21頁。
③2011/01/05,「静岡県内トップ年頭所感—挑戦をサポート, 時代の変化に対応, 国内市場を耕す」, 6頁(地方経済面 静岡)
④2011/01/05,「知識経営とイノベーション(2)一橋大学名誉教授野中郁次郎氏」, 29頁。
⑤2011/01/07,「知識経営とイノベーション(4)一橋大学名誉教授野中郁次郎氏」, 25頁。
⑥2011/01/11,「テレビやエコなどへの関心度, 十数問で顧客分類, ユー・アンズ・デザイン」, 5頁。
⑦2011/01/14,「「平城京モデル」に学べ—編集工学研究所所長松岡正剛氏」, 29頁。
⑧2011/01/25,「気軽に思い出プレゼント」, 29頁。
⑨2011/02/06,「事務機, なぜサービス重視に?—リコー社長近藤史朗氏」, 5頁。
⑩2011/06/18,「JR三越伊勢丹,「楽しみ方提案」, 関西プレスクラブで店長」, 10頁(地方経済面 近畿B)
⑪2011/08/09,「最近, クラターコンサルタントのやましたひでこさんの提唱する(茶ばしら)」, 6頁(地方経済面 静岡)
⑫2017/03/18,「安土城レプリカをホテルに」, 15頁。
⑬2017/04/06,「訪日客も花見楽しんで 高島屋横浜店 人力車で案内」,(地方経済面 神奈川)
⑭2017/04/18,「挑む人 ホテルで「日本」感じて」,(大阪夕刊 もっと関西)

⑮2017/04/19,「ドラゴンボール関連商品を販売 三越伊勢丹 HD」, 15頁。
⑯2017/04/22,「婚活実らすコト消費」, 1頁（夕刊）
⑰2017/04/26,「新日鉄住金 イオンモールと優先交渉」, 14頁。
⑱2017/04/28,「美味と楽しさ コトで売る」,（地方経済面 九州）
⑲2017/04/28,「イオンモール徳島開業」,（地方経済面 四国）
⑳2017/05/10,「百貨店でドライヤー販売」, 14頁。
㉑2017/05/18,「展望を聞く ② 資生堂」, 17頁。
㉒2017/05/26,「百貨店夏商戦「体験」熱く」,（地方経済面 兵庫）
㉓2017/06/07,「中元ギフト 知恵絞る」,（地方経済面 九州）
㉔2017/08/03,「そごう「ジュンヌ」改装 千葉店別館 体験型専門店に」,（地方経済面 千葉）
㉕2017/06/07,「醤油の伝統製法後世に」,（地方経済面 埼玉）
㉖2017/06/20,「訪日客増 裾野広げる」, 3頁。
㉗2017/06/24,「来て！道の駅 新設・改装続々」,（地方経済面 千葉）
㉘2017/07/01,「国内外に「コト消費」発信 ラオックス」,（地方経済面 千葉）
㉙2017/07/01,「暮らしの相談 スーパーで ユニー, 稲沢でカフェ併設」,（地方経済面 中部）
㉚2017/07/07,「健診ツアー中国人向けに」,（地方経済面 東北）
㉛2017/07/14,「岡山高島屋 店舗改装若年層取り込み」,（地方経済面 中国）
㉜2017/07/20,「お遍路さん 外国人急増中」,（地方経済面 四国）
㉝2017/08/03,「そごう「ジュンヌ」改装」,（地方経済面 千葉）
㉞2017/08/04,「サービス取次 シニアに焦点 ユニー, 今年度中に全店で」,（地方経済面 中部）
㉟2017/08/07,「宿泊サイト, 集客力向上」, 5頁。
㊱2017/08/09,「ニッポンに恋して」,（地方経済面 その他特集）
㊲2017/09/21,「地方発着ツアー 日本旅行, 専門サイト開設」, 14頁。
㊳2017/09/30,「体験型イオン インドネシアに」, 11頁。
㊴2017/09/30,「おせち商戦 あすから」,（地方経済面 九州）
㊵2017/10/02,「消費に映る現代史の断面」, 17頁。
㊶2017/10/04,「アウトレットで「コト消費」イオンが新型 SC」, 15頁。
㊷2017/10/13,「小売り回復 消費に変化 」, 3頁。
㊸2017/10/25,「アパレル各社 スポーツ施設に参入」, 14頁。
㊹2017/10/25,「ウエルネス需要に商機 訪日客, コト消費に移行」,（地方経済面 関西経済）
㊺2017/10/28,「天津に4カ所目出店 イオン」, 12頁。
㊻2017/11/02,「岩田屋本店など 合同でイベント 天神6施設, 集約策」,（地方経済面 九州）
㊼2017/11/17,「宝飾店, 市場縮小で需要掘り起こし」, 20頁。
㊽2017/11/22,「香港旅行大手 大阪にホテル」,（地方経済面 関西経済）
㊾2017/11/29,「バルミューダ 松屋銀座に常設店」, 5頁。
㊿2017/11/30,「房総観光は「体験型」で JR 東がキャンペーン」,（地方経済面 千葉）
(51)2017/12/06,「稼ぐ観光 6分野で目標」,（地方経済面 北海道）
(52)2017/12/08,「福袋も「体験型」県内百貨店, 非日常を演出」,（地方経済面 千葉）

(53)2017/12/29,「福袋「体験型」相次ぐ 北関東の百貨店」,(地方経済面 北関東)
(54)2017/12/29,「ホテル内で謎解き体験 箱根仙石原プリンスホテル」,(地方経済面 神奈川)
(55)2018/01/25,「考えるクルマ 街へ空へ」,11頁。
(56)2018/02/15,「いよてつ高島屋 12期ぶり増収へ」,(地方経済面 四国)
(57)2018/02/16,「自転車市場の風に乗れ イベント開催,楽しみ提案」,(地方経済面 埼玉)
(58)2018/03/03,「そごう千葉店 体験型に特化 博覧会」,(地方経済面 千葉)

日経産業新聞
①2011/02/01,「技術が開く未来—組み合わせの発想重要」,10頁。
②2011/02/15,「ネーミング & コピーライター岩永嘉弘氏,商品群くくるママゴコロ」, 7 頁。
③2011/ 5 /19,「コト・マーケティング—モノの機能越え,需要創造(三浦俊彦の目)」, 9 頁。
④2011/ 8 /18,「MEDIAS—リ・ブランディングで成功(高岡美佳の目)」, 7 頁。
⑤2017/03/27,「焦点インタビュー ラオックス社長 羅怡文」, 2 頁。
⑥2017/05/11,「ホテルで日本 体感を」,20頁。
⑦2017/05/19,「採用最前線2018人事担当者に聞く 資生堂」,19頁。
⑧2017/05/22,「トレンド分析 家でもバリスタの味」,15頁。
⑨2017/06/05,「低度数缶チューハイ 酒税改定にらみ再注目」,14頁。
⑩2017/06/15,「ハワイ気分をファミレスで楽しんで」,14頁。
⑪2017/11/27,「バルミューダ,松屋銀座に店舗」, 5 頁。
⑫2018/01/09,「START UP X 大企業は買収を狙う」, 1 頁。

[第 5 章]
岸田伸幸(2015)「株式会社スノーピークの起業的な事業承継—第二創業経営者による事業群変革のマネジメント」『事業創造大学院大学紀要』6(1),1-15頁。
嶋口光輝(1994)『顧客満足型マーケティングの構図』有斐閣。
スノーピーク(2016)『平成28年度有価証券報告書』
http://contents.xj-storage.jp/xcontents/AS03293/7d16d17e/f252/4bf5/91b1/a894fc228586/S1007ADA.pdf 2017年 2 月22閲覧。
中川淳・西沢明洋(2011)「ブランドのしくみ スノーピーク①」『日経デザイン』12月号,58-61頁。
東利一(2017)「脱コモディティ化戦略における顧客像の探究」『流通科学論集—流通・経営編』29(2),1-18頁。
水越康介(2011)『企業と市場と観察者—マーケティング方法論研究の新地平』有斐閣。
山井太(2014)『スノーピーク「好きなことだけ!」を仕事にする経営』日経 BP 社。
Bagozzi, R. (1979) "Toward A Formal Theory of Marketing Exchanges" in S. W. Brown and R. Fisk (eds.), *Marketing Theory*, Wiley, 1984.
McColl-Kennedy, J. R., Vargo, S. L., Dagger, T. S., Sweeney, J. C., and van Kasteren, Y. (2012) "Health Care Customer Value Co-creation Practice Styles," *Journal of Service Research*, 15 (4), pp.370-389.

[第 6 章]
一條和生・德岡晃一郎（2007）「シマノ 一社員のシャドーワークによって実現した技術系社員の海外派遣プログラム」一條和生・德岡晃一郎著『シャドーワーク』82-89頁，東洋経済新報社．
石井淳蔵（1991）「企業メセナの新しい視点」『マーケティング・ジャーナル』，11（3）．
浪江一公（2007）「シマノ 広範な現場情報に基づく戦略的判断と大胆な実行による経営」『プロフィット・ピラミッド』ダイヤモンド社．
日経 Associé（2010）「エコで健康で朝からハツラツ 自転車で会社に行こう」104-105頁．
日経デザイン（2001）「トピックス ライフスタイルを提案する DV と自転車」，40-41頁，2001年4月号．
日経デザイン（2003）「2輪車新潮流」，76-79頁，2003年3月号．
日経ビジネス（1978）「日経ビジネス・ケーススタディ「島野工業」円高をモノともせぬ「プロの商法」」，50-55頁，1978年4月10日号．
日経ビジネス（1994）「町工場的な自由が活力 自転車部品で世界制覇」，39-41頁，1998年11月2日号．
日経ビジネス（1998）「高級自転車部品でトップ プロも愛用し好成績連発」，54-56頁，1998年11月2日号．
日経ビジネス（2010）「チームで挑む中国市場」，48-52頁，2000年4月19日号．
日本経済新聞（2016）「自転車のまち 堺① 100年前から部品製造」，大阪夕刊 もっと関西，2016年2月1日．
日本経済新聞（2016）「自転車のまち 堺② 中枢部品 高い世界シェア」，大阪夕刊 もっと関西，2016年2月2日．
岡田正大（2012）「戦略理論の体系と「共有価値」概念がもたらす理論的影響について」『慶應経営論集』，29（1）．
岡田正大（2014）「戦略理論における企業の社会的成果の位置づけと社会経済的収束力の役割」『慶應経営論集』，31（1）．
岡田正大（2015）「CSV は企業の競争優位につながるか」『ダイヤモンド・ハーバードビジネスレビュー』，January．
Porter M. E. and M. R. Kramer（2011）"Creating Shared Value: How to reinvent capitalism – and unleash a wave of innovation and growth," *Harvard Business Review*, Jan-Feb.（編集部訳（2011）「共通価値の戦略」『ダイヤモンド・ハーバードビジネスレビュー』June）
株式会社シマノ 70年史編纂委員会（編集）（1991）『シマノ70年史』．
シマノ鈴鹿ロード http://www.shimano-event.jp/17suzuka/04_2.html#3 2017.6.12閲覧．
シマノ・バイカーズフェスティバル http://www.shimano-event.jp/17bikers/04_2.html# 2017.6.12閲覧．
島野喜三（2002）「社長大学 第1回 世界市場を相手に技術を追求 ブランド確立で顧客をつかむ」『日経ベンチャー』，2002年10月号，104-106頁．
島野喜三（2002）「社長大学 第2回 自分でつくって自分で売るから顧客ニーズを的確に把

握できる」『日経ベンチャー』，2002年11月号，108-110頁。
島野喜三（2002）「社長大学 第4回 新規事業の成功のポイントは自社の得意技術の徹底活用」『日経ベンチャー』，2003年1月号，124-126頁。
島野喜三（2002）「「良い」と「欲しい」は違う 常に市場に耳を傾けよ」『日経ビジネス』，2002年11月18日号，1頁。
島野喜三（2005）「私の履歴書」『日本経済新聞』，2005年7月1日～30日。
島野喜三（2007）「「和して厳しく」それが，新しい市場をつくった」『日経ベンチャー』，2007年1月号，13頁。
武石彰（2003）「CASE 3 シマノ 部品統合による市場の創造」『ビジネス・ケースブック1』（一橋ビジネスレビュー編）131-167頁，東洋経済新報社。
東利一（2015）「コト・マーケティングの解明」『流通科学大学リサーチレター』，No.24。
東利一（2017）「コト・マーケティングと価値創造―コト・プロセス視点の価値創造」『流通科学大学論集―流通・経営編』30（1），57-74頁。
渡邉喜久（2001）「製品開発による企業価値創造」『東海学園大学紀要』，第6号，91-114頁。

インタビュー
株式会社シマノ広報部。

[第7章]
石井淳蔵（2014）『寄り添う力』碩学舎。
伊丹敬之・加護野忠男（2003）『ゼミナール経営学入門（第3版）』日本経済新聞社。
伊藤邦雄（2000）『コーポレート・ブランド経営―個性が生み出す競争優位』日本経済新聞社。
稲垣公雄・伊藤正行（2010）『エンゲージメント・マネジメント戦略』日本経済新聞出版社。
佐藤耕紀（2003）「経営理念とコーポレート・ブランド」水尾順一編著『ビジョナリー・コーポレートブランド』第1章，白桃書房。
嶋口充輝（2000）『マーケティング・パラダイム―キーワードで読むその本質と革新』有斐閣。
花王ヘルシア　http://www.kao.co.jp/healthya/index.html　2015年4月20日閲覧。
ヘルシアクラブ　https://healthya-club.kao.co.jp/　2015年4月20日閲覧。
東利一（2015）「コト・マーケティングの解明―顧客体験を基にしたマーケティング」流通科学大学リサーチレター，No.24。
宮田矢八郎（2004）『理念が独自性を生む―卓越企業をつくる7つの原則』，46頁，ダイヤモンド社。
Campbell, Andrew (1989) "Does your organization need a mission?," *Leadership and Organization Development Journal*, No.10, Vol.3, pp.3-9.
Christopher K. Bart, Nick Bontis, Simon Taggar (2001) "A model of the impact of mission statements of firm performance," *Management Decision*, No.39, Vol.1, pp.19-35.
Collins James C. and Jerry I. Porras (1994) *Built to Last*, Harper Business.（山岡洋一訳『ビジョナリー・カンパニー――時代を超える生存の原則』，118-129頁，日経BPマーケティング，1995年）

Heskett, James L. W. Earl Sasser, Joe Wheeler (2008) *The ownership quotient: putting the service profit chain to work for unbeatable competitive advantage*, Harvard Business school Press. (川又啓子・諏澤吉彦・福冨言・黒岩健一郎訳『OQ—サービスプロフィットチェーンによる競争優位の構築』同友館, 2010年)

House, R.J., and Shamir, B. (1993) "Toward the integration of transformational, charismatic and visionary theories of leadership". In M. Chemers & R. Ayman (eds.), *Leadership theory and research: Perspectives and directions*, pp.81-107. Academic Press.

Howell, J. M., and Avolio, B. J. (1993) "Transformational leadership, transactional leadership, locus of control, and support for innovation: Key predictors of consolidated-business-unit performance," *Journal of Applied Psychology*, 78, pp.891-902.

Levitt, Theodore (1969) *The marketing mode Pathways to corporate growth*, McGraw-Hill. (土岐坤訳『マーケティング発想法』ダイヤモンド社, 1971年)

雑誌

「"ご当地タクシー"で地域にファンをつくる　近畿タクシー」『月刊 事業構想』2013年5月号, 事業構想大学院大学出版部, 136-137頁。

「「これがウチの強みや」と気づくプロセスに, 大きく展開する種がある」『理念と経営』2011年8月号, vol.68, 株式会社コスモ教育出版, 18-25頁。

「社長の発想力④　打ち出すアイデアが会社を変えた「儲けにくい」タクシー業で新サービス連発」『月刊ベンチャー・リンク』2009年12月号, 84-87頁。

[終　章]

伊丹敬之・加護野忠男 (2003)『ゼミナール経営学入門 (第3版)』日本経済新聞社。

Porter M. E. and M. R. Kramer (2011) "Creating Shared Value: How to reinvent capitalism – and unleash a wave of innovation and growth," *Harvard Business Review*, Jan-Feb. (編集部訳「共通価値の戦略」,『ダイヤモンド・ハーバードビジネスレビュー』June, 2011年)

初出一覧

本章の各章は，下記の初出論文を基にしている。本書への掲載にあたって，一部改訂している。

序　章　書き下ろし。

第1章　「「モノからコトへ」は何を意味したのか―コトの時代的意味の解明と消費の類型化―」『流通科学大学リサーチレター』（流通科学大学学術研究会）No.23, 2015年, 1-17頁。

第2章　「脱コモディティ化戦略における顧客像の研究」『流通科学大学論集―流通・経営編―』（流通科学大学学術研究会）29 (2), 2017年, 1-18頁。

第3章　「コト・マーケティングの解明―顧客体験を基にしたマーケティング―」『流通科学大学リサーチレター』（流通科学大学学術研究会）No.24, 2015年, 1-12頁。

第4章　「コトの多義性を整理する」『流通科学大学論集―流通・経営編―』（流通科学大学学術研究会）24 (2), 2012年, 75-87頁。

第5章　「コト・マーケティングと価値創造―コト・プロセス視点の価値創造―」『流通科学大学論集―流通・経営編―』（流通科学大学学術研究会）30 (1), 2017年, 57-74頁。

第6章　書き下ろし。

第7章　「ビジョナリー・マーケティング―コト・マーケティングのインフラとしてのビジョン経営」『流通科学大学論集―流通・経営編―』（流通科学大学学術研究会）29 (1), 2016年, 103-121頁。

終　章　書き下ろし。

索　引

●英　数

AIO アプローチ……………………14
CSR……………………………131, 132
CSV………………………………131

●あ　行

あるべき姿………………………202
意味的価値…………………………36
エンゲージメント………………171
オーナーシップ…………………172
オペラント資源……………46, 47, 56
オペランド資源………………47, 56

●か　行

仮説価値………………125, 126, 128
家族のライフスタイル……………13
価値共創…………………………107
価値次元の可視性…………………37
価値次元の所在……………………37
カテゴリー・イノベーション……38
感性的価値……………………29, 32
記号消費………………………18, 28
基本設計図………………………201
基本的前提…………………………47
共通価値……………………134, 137
共同生産者…………………………44
クオリティ消費……………………29
「クラスター分析」アプローチ……15
経験…………………………………40
経験経済……………………………39

コア体験…………………………151
交換………………………………106
顧客学習……………69, 70, 73, 125
顧客価値……………………………53
個人のライフスタイル……………13
こだわり価値………………24, 28, 36
こと…………………………57, 58, 75
コト………………58, 63, 71, 73, 99, 162
コト・コンセプト…………………65
コト・プロセス……71, 73, 105, 108, 198
コト・マーケティング
　　　…………71, 72, 73, 101, 102, 128
コト消費……………………………81
コノテーション……………………18
コモディティ………………………34, 39
コモディティ化………………33, 34
コンテクスト………………………41
コンテクストデザイン戦略………41
コンテンツ…………………………41
コンテンツ不変型コンテクストデザイン戦略………………………………42
コンテクスト変化型コンテクストデザイン………………………………42

●さ　行

サービス…………………39, 44, 46
サービス・ドミナント・ロジック…45
サービスの交換……………………47
サービスの特性……………………43
自己実現消費………………………30
自己表現価値………………………36

自己表現消費 29
自己満足型CSR 133
四肢的構造 59
市場と製品の見直し 135
事的世界観 59
社会経済的収束能力 138
ジャンピング・ポイント 189, 203
使用価値 47
商品 39
消滅性 43
ストーリー 39
生活者 16
戦略 201
戦略的価値ビジョン 172
戦略の本質 135
相互排除性 58

●た 行

地域社会でのクラスター形成
　　　　　　　　　　135, 136
地域密着 183
デノテーション 18
同時進行性 59

●は 行

バリューチェーンの生産性の再定義
　　　　　　　　　　　　135
ビジョナリー・マーケティング
　　　　　　　　167, 170, 172

ビジョン 168, 191
ビジョンの特徴 188
不可分性 43, 44
物質的豊かさ追求消費 27
プロセス 44
変革のシナリオ 202
変身 41
ベンチャー型CSR 134
変動性 43
無形性 43

●ま 行

マーケティング 106
マーケティング志向型CSR 133
マネジリアル・マーケティング 72
目標 201
もの 75
モノ・マーケティング 100
モノからコトへ 17, 22, 27
モノ消費 29

●や 行

ヤンケロビッチ・モニター 14
ライフスタイル 14
ライフスタイル・マーケティング 15
ライフスタイル概念 13
ライフスタイル消費 27

〈著者紹介〉

東　利一（ひがし　としかず）

1994年　慶應義塾大学大学院商学研究科商学専攻単位取得満期退学
同　年　流通科学大学商学部専任講師
現　在　流通科学大学商学部教授

著　書
『戦略的マーケティングの構図』（共著）（同文舘出版，2014年），『マーケティング戦略論』（共著）（芙蓉書房出版，2008年），『1からの商品企画』（共著）（碩学舎，2013年）など

顧客価値を創造するコト・マーケティング
――ビジョンで紡ぐ共創関係――

2019年5月1日　第1版第1刷発行

著者　東　　利　一
発行者　山　本　　継
発行所　㈱中央経済社
発売元　㈱中央経済グループ
　　　　パブリッシング

〒101-0051　東京都千代田区神田神保町1-31-2
電　話　03（3293）3371（編集代表）
　　　　03（3293）3381（営業代表）
http://www.chuokeizai.co.jp/
印刷／東光整版印刷㈱
製本／㈲井上製本所

ⓒ 2019
Printed in Japan

＊頁の「欠落」や「順序違い」などがありましたらお取り替えいたしますので発売元までご送付ください。（送料小社負担）
ISBN 978-4-502-30061-5 C3034

JCOPY〈出版者著作権管理機構委託出版物〉本書を無断で複写複製（コピー）することは，著作権法上の例外を除き，禁じられています。本書をコピーされる場合は事前に出版者著作権管理機構（JCOPY）の許諾を受けてください。
JCOPY〈http://www.jcopy.or.jp　eメール：info@jcopy.or.jp　電話：03-3513-6969〉

ベーシック＋
Basic Plus

いま新しい時代を切り開く基礎力と応用力を兼ね備えた人材が求められています。

このシリーズは，各学問分野の基本的な知識や標準的な考え方を学ぶことにプラスして，一人ひとりが主体的に思考し，行動できるような「学び」をサポートしています。

ベーシック＋専用HP

教員向けサポートも充実！

中央経済社